湖南省哲学社会科学基金青年项目
"补贴激励对湖南省稻作大户绿色生产行为的影响研究"（20YBQ061）阶段性成果

周 静 著

农业补贴对稻作大户生产行为的影响

STUDY ON THE EFFECT OF AGRICULTURAL SUBSIDIES
ON THE PRODUCTION BEHAVIOR OF
LARGE-SCALE RICE FARMERS

社会科学文献出版社
SOCIAL SCIENCES ACADEMIC PRESS (CHINA)

序

周静博士的新作《农业补贴对稻作大户生产行为的影响》即将付梓，约我作序。作为她的博士研究生导师，我当然很乐意为她的专著作序。

学习农业经济学除了理论知识和计量方法，更重要的是感悟和热爱。周静博士作为跨专业考生，学习十分刻苦，当我看到她已经翻看的微卷的专业书籍以及数十本读书笔记时，我知道她已经准备好了，果然初试成绩名列前茅。入学以后，她积极参加各类学术交流活动，是一位综合素质较高的学生。

周静博士在攻读博士学位的那几年，我主要研究的是农业基础设施，最开始她的选题是关于粮食安全的，但后续她在调研过程中对稻作大户的生产决策行为产生了浓厚的兴趣。作为博士生导师，对于能独立思考、有自己研究计划的学生我是很支持的，于是博士期间，她多次独立带队前往农村组织开展社会调研，几乎每年的寒假、暑假都扎根农村。关于调研，让我印象比较深的是她独立申请的2017年暑期博士团社会实践活动，她带领我校

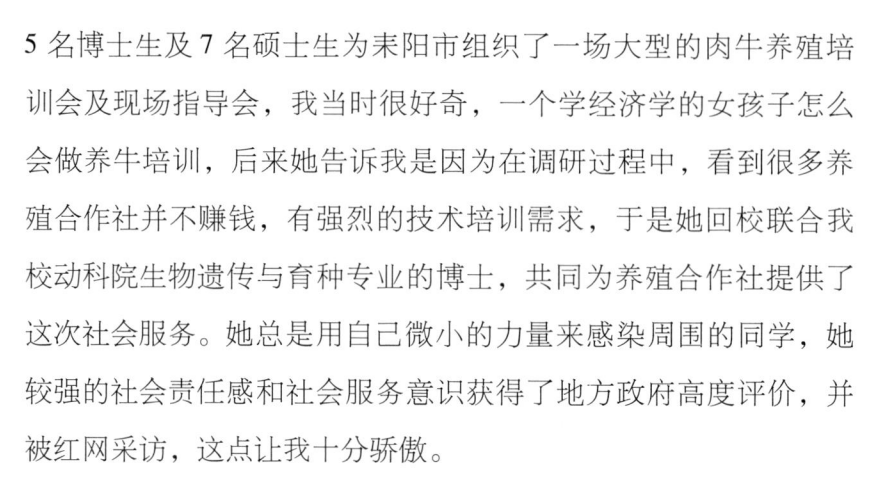

5名博士生及7名硕士生为耒阳市组织了一场大型的肉牛养殖培训会及现场指导会，我当时很好奇，一个学经济学的女孩子怎么会做养牛培训，后来她告诉我是因为在调研过程中，看到很多养殖合作社并不赚钱，有强烈的技术培训需求，于是她回校联合我校动科院生物遗传与育种专业的博士，共同为养殖合作社提供了这次社会服务。她总是用自己微小的力量来感染周围的同学，她较强的社会责任感和社会服务意识获得了地方政府高度评价，并被红网采访，这点让我十分骄傲。

关于本书的内容，主要是基于农户行为理论，借鉴国内外研究成果，构建了一个"补贴政策--农户行为—农业生产"的理论分析框架，讨论了不同类型农业补贴下农户从事农业生产的条件，并运用湖南省6个产粮大县419户稻作大户的微观调研数据，实证分析了农业补贴对于稻作大户生产行为的影响。本书构建了较为完整的分析框架，并综合运用了宏观数据和微观调研数据，从农户层面揭示农业补贴政策的改革效果，为政府进一步完善当前农业支持保护政策体系提供思路和依据。具体细节读者可以慢慢阅读，特别是后记中她关于自己做科研的感悟。

我要说明的是，农业补贴是世界各国支持农业、反哺农业的重要政策。随着我国经济发展，特别是第一、二、三产业结构转型升级，持续多年的普惠式农业补贴政策开始出现了边际效应递减。新形势下，为确保国家粮食安全，从2016年开始，我国农业"三项补贴"合并为"农业支持保护补贴"，其政策目标瞄准为耕地地力保护和支持适度规模经营的"大户补贴"，以此激励新型农业经营主体的发展。以上政策及其组合实施的效果如何，特别是稻作大户的生产行为是否同步同向于政策预期目标，是一个值得从理论和实践角度进行研究的课题。

周静博士到湖南省社会科学院工作已经一年有余了，在这里她能接触更多职能部门的想法，研究视野也更为开阔，期待她能不忘初心，持续地深入调研，发现有价值的问题，将研究做到顶天立地，这是做老师最为希望看到的。

以此为序。

2021 年 8 月 1 日

目　录

第一章　农户分化及补贴制度改革的需求 // 1
- 一　问题的提出 // 2
- 二　研究目的和意义 // 7
- 三　农业补贴的定义及分类 // 9
- 四　国内外文献综述 // 14
- 五　研究思路、内容与方法 // 29
- 六　数据来源 // 36
- 七　可能的创新 // 37

第二章　理论基础及作用机理 // 40
- 一　农业分工理论、农户行为理论和农业补贴理论 // 40
- 二　农业补贴类型与农户生产行为的经济学分析 // 47
- 三　理论分析框架：补贴政策—农户决策行为—农业生产 // 49
- 四　农业补贴政策的产量效应对比分析 // 58
- 五　本章小结 // 61

第三章　粮食补贴政策的演进及实施现状 // 63

一　粮食补贴的特征 // 63

二　中国粮食补贴政策的演进 // 66

三　现行粮食补贴政策体系构成 // 72

四　粮食补贴政策实施现状 // 75

五　现行粮食补贴政策存在的问题 // 77

六　本章小结 // 80

第四章　稻作大户对粮食补贴的认知和满意度分析 // 82

一　"三项补贴"合并后农民满意程度 // 82

二　政策认知—期望与现实偏差—政策满意度的分析框架 // 83

三　数据来源 // 86

四　模型构建与实证分析 // 89

五　本章小结 // 95

第五章　直接补贴对稻作大户生产行为的影响 // 99

一　农业支持保护补贴的实施 // 99

二　农业支持保护补贴对稻作大户生产投入行为的影响机理分析 // 101

三　数据来源及模型构建 // 105

四　实证分析 // 109

五 回归结果的稳健性检验 // 113
六 本章小结 // 119

第六章 价格补贴对稻作大户生产行为的影响 // 120
一 最低收购价政策的实施 // 120
二 稻谷最低收购价政策调整对种植结构影响的
　 机理分析 // 122
三 数据来源及模型构建 // 126
四 模型估计结果与分析 // 132
五 本章小结 // 138

第七章 农业补贴政策优化方向 // 140
一 国外农业补贴政策的经验借鉴 // 140
二 美国、日本和中国农业支持水平比较 // 145
三 中国粮食政策面临的挑战 // 148
四 新时期粮食安全调控新思路 // 161
五 对中国农业补贴政策优化的启示 // 166
六 本章小结 // 169

第八章 研究结论和政策建议 // 170
一 研究结论 // 171
二 政策建议 // 177

附录1　益阳草尾镇土地信托流转模式调研 // 182

附录2　宁乡市、湘潭市"稻农施药"行为的调研情况 // 189

附录3　利益联结、选择性激励与联合社的稳定性研究 // 198

附录4　湖南省种粮大户的调查问卷及访谈提纲 // 216

参考文献 // 226

后　记 // 257

第一章
农户分化及补贴制度改革的需求

农业是国民经济发展的基础,然而作为自然再生产和社会再生产相互交织的产业,农业具有天然的弱质性,在生产过程中容易受到自然灾害和市场风险的双重制约。因此,农业补贴成为各国政府支持农业发展的有效政策工具之一(钟甫宁等,2008)。政策本身并不能增加农业资源,但能为农业生产和发展提供所需的制度环境。由此可见,不断完善农业支持和保护政策是农业发展、保障国家粮食安全的必要手段。

党的十九大提出实施乡村振兴战略,明确要求完善农业支持保护制度。在新形势下,加强对农业的支持和保护,是贯彻落实中央关于农业农村"重中之重"和"优先发展"战略的重要抓手,是实施乡村振兴战略和推进农业供给侧结构性改革的重要支撑,是农业农村稳定发展和农民持续增收的重要保障。农村改革以来,为调动农民种粮的积极性,稳定粮食等重要农产品供给,国家不断加大支持保护力度，逐步探索构建了以价格支持和直接补贴为主的农业支持保护制度。

一　问题的提出

回顾农业政策改革历程，以价格支持和直接补贴为主的支持保护政策经历了多个阶段的发展与演变，逐渐进入以市场决定价格和生产者补贴为主的阶段。自2004年以来，我国先后实施种粮直补、农资综合补贴、良种补贴等农业"三项补贴"，但是随着农业农村形势的发展变化，"三项补贴"政策效应递减（何蒲明等，2018）。2015年，国家启动农业"三项补贴"改革，将农资综合补贴、种粮直补、良种补贴合并为"农业支持保护补贴"，政策目标调整为耕地地力保护和支持粮食适度规模经营的"大户补贴"，并在浙江、湖南、山东、安徽、四川等5个省试点（农业部产业政策与法规司，2016）。2016年，农业支持保护补贴政策在全国实施。除了直接补贴手段以外，我国在2004年和2008年先后推出了最低收购价政策和临时收储等"托市"政策来调动农民生产的积极性，使粮食产量得到稳步提升。但是近年来"三量齐增"和"三本齐升"困境的出现，对农业补贴政策的调控效果提出了更大的挑战。通常一项政策在实施初期，政策效果较为明显，但长期来看存在边际收益递减的问题。当前，学界普遍意识到中国农业农村发展形势的显著变化，农业支持性保护补贴的政策效果逐步降低，主要表现在以下几个方面。

1. 小农与适度规模主体的协同发展

我国土地面积辽阔,但耕地面积相对不足,而且人均耕地面积较少,土地细碎化严重,农业生产受制于小规模的生产经营方式。根据国家统计局的数据,2016年我国农村人口为5.88亿人,占总人口的42.3%,该比例远高于发达国家。根据FAO数据,2015年美国农村人口占总人口比例为18.6%,日本为6.5%等。第三次全国农业普查数据显示,当前全国农业生产经营人口为31422万人,而规模农业经营人口为1289万人,多数农户从事的依然是小规模分散经营。小规模分散经营不利于先进技术的推广和运用,农业生产效率的提升也受到限制。据农业部统计数据,截至2016年6月底,全国承包耕地流转面积达到4.6亿亩(15亩=1公顷),约占家庭承包耕地总面积的35%左右,在东部沿海一些地区,流转比例已经超过1/2。全国经营耕地面积在50亩以上的规模经营农户超过350万户,经营耕地面积超过3.5亿多亩,这一趋势在未来依然会延续。因此,鼓励小农向适度规模演进,以及加大对新型农业经营主体的培育力度是小农参与现代农业的主要途径之一。当前对于种粮农民的激励措施主要是农业支持保护补贴和稻谷最低收购价的托底,当前的补贴能否刺激农户同步同向地实现政策目标值得进一步研究。

2. 农业补贴政策体系改革的深化阶段

20世纪90年代末,我国出现主要农产品结构供给过剩,粮食价格持续下跌,农民种粮的积极性低迷,2003年粮食播种面积降到新中国成立以来的最低水平。2004年国家随即出台了种粮农民直接补贴以及良种补贴和农资综合补贴,同时推出了最低收购价以保护农民种粮预期。这一系列政策大幅度提高了农民种粮的积极性。2016年，随着新型农业经营主体队伍的日渐扩大，"三项补贴"合并为"农业支持保护补贴"，农业支持保护补贴政策的主要内容与政策预期主要包括两个方面。

（1）将80%的农资综合补贴存量资金加上农作物良种补贴和种粮农民直接补贴资金用于耕地地力保护。补贴对象为所有拥有耕地承包权的种地农民，享受补贴的农民要做到耕地不撂荒、地力不降低。补贴资金与耕地面积或播种面积挂钩，对已作为畜牧养殖场使用的耕地、林地、成片良田转为设施农业用地、非农业征（占）用耕地等已改变用途的耕地，以及常年抛荒地、占补平衡中"补"的面积和质量达不到耕种条件的耕地等不再给予补贴，鼓励秸秆还田，不露天焚烧秸秆。这部分补贴资金以现金直补到户。

（2）将20%的农资综合补贴存量资金加上农业"三项补贴"增量资金和种粮大户补贴资金，支持发展多种形式的粮食适度规模经营，重点支持建立、完善农业信贷担保体系，向种粮大户、家庭农场、农民合作社、农业社会化服务组织等新型经营主体倾斜，体现"谁多种粮食，就优先支持谁"的原则。然而，这一政策能实现其预期吗？特别是在面对当前出现"三量齐增"和"三本齐升"的困境，如何更好地发挥补贴政策调控的作用至关重要。

3. 农业补贴受到WTO规则的约束

作为世界贸易组织（WTO）的重要成员，我国农业补贴需要受到世界贸易组织规则的约束。当前我国农业支持水平总量虽然低于欧美，但是也处于较高水平。在当前经济全球化进程变缓、贸易保护主义日渐严重的时期，较高的支持水平容易引起全球关注。如果在既有框架下继续增加现有补贴种类尤其是"黄箱"支持的总量，将会压缩我国在WTO规则范围内可使用的支持空间。农业补贴的改革与农业发展的弱质性、实时性以及要与世界农业贸易政策相适应等有关。当前，关于农业补贴的争论较多。国内外学者对农业补贴的争论主要集中在农业补贴方式、农业补贴的作用等方面。一方面，有学者认为，农业补贴会扭曲农产品市场的作用，降低农产品市场的流通效率，扭曲农产品价格，尤其是农业的"黄箱补贴"政策会扭曲农产品进出口贸易市场（Sumner，1996；程国强、朱满德，2012；于晓华等，2017；武舜臣，2017）；另一方面，也有学者认为，农业补贴是政府转移支付的方式之一，不仅有利于提高农民的收入，还能促进农民的种粮积极性，确保粮食的有效供给（Weber，Key，2012；余志刚，2016；曾福生、周静，2017；朱晶，2003；周应恒等，2017；徐志刚等，2017；宋洪远，2000；朱满德等，2018），但对农业生产的影响有限（钟春平等，2013）。有学者建议缩减黄箱补贴金额，加大绿箱补贴力度（钟甫宁等，2008；齐皓天，2017；Goodwin and Mishra，2006）。

4. 耕地质量下降与耕地地力保护

随着工业化、城镇化的发展，我国耕地数量大面积减少，2009年，我国耕地面积为13538.5万hm^2，2017年全国耕地面积维持 13486.32 万 hm², 暂时可以坚守 12000 万 hm² 的耕地红线。耕地数量的减少以及人口的增加，使我国人均耕地面积在不断减少，但是如果仅从耕地的总量上考虑容易忽视其他重要的现象。例如，2014 年底农业部公布的《全国耕地质量等级情况公报》和国土资源部公布的《关于发布全国耕地质量等别调查与评定主要数据成果的公告》，这两个官方报告显示，我国耕地质量大幅度下降，长期以来滥用化肥和土地外源性污染是造成耕地质量下降的关键原因。目前全国耕地平均质量等别为 9.96 等，等别总体偏低，中、低等耕地面积占耕地评定面积的 70.6%。此外，北方土壤碱化趋势与南方土壤酸化等实际问题，提醒我们地力保护是需要引起重视的问题。除此之外，从耕地面积增减的空间分布来看，我国耕地面积虽然总量没有减少，但是新增加的耕地主要集中在产量不稳定且退耕风险大的区域。因此除了耕地数量的保证外，耕地质量以及耕地空间分布都会影响粮食生产安全。

基于农业生产的长期考虑，农业支持保护补贴的政策目标调整为耕地地力保护和支持适度规模经营，但是农户对于耕地地力保护的意愿受生计资本（邝佛缘等，2017）、耕地规模（王嫚嫚等，2017）、参与非农劳动的决策（乔金杰等，2014）等因素的影响，现行的农业支持保护政策能够在多大程度上影响农户的种植行为决策值得研究。

关于农业补贴的研究一直是学术界的热点话题，在农业"三项补贴"合并以前，主要集中在农业补贴的增产和增收效应以及提高农户的种粮积极性等方面。但当前农业农村形势发生了巨大的变化，农业补贴政策体系也进入改革深化阶段，2016年农业"三项补贴"合并为"农业支持保护补贴"，同年作为口粮品种的水稻最低收购价开始小幅下调，政策的变革总是催生新的研究问题。与之对比，在补贴政策改革的背景下，对"农业支持保护补贴"和"水稻最低收购价政策下调"的研究较少。因此，本书基于农业补贴政策改革的背景，选取粮食主产区之一的湖南省作为研究区域，选取30亩以上的稻作大户作为研究对象，研究现行农业补贴政策对其生产决策行为的影响。主要涉及以下几个问题。①农业补贴政策体系的演变过程。②如何衡量稻作大户对于当前补贴政策的认知度及其对政策满意度的影响。③稻作大户在收到补贴后是否会促进农业生产的投资行为。④稻作大户在最低收购价下调时，是否能及时地调整种植结构。基于该项补贴政策改革的时间不长，现有文献无法解答以上问题，为此，本书拟对上述问题进行回答，以期提出改善农业支持保护制度的政策建议。

二 研究目的和意义

（一）研究目的

本研究基于农户行为理论，借鉴国内外相关研究成果，构建嵌入农业补贴政策的农户生产决策行为理论模型，并运用粮食主产区湖南省稻作大户的微观调查数据，实证分析农业支持保护补贴政策对农户生产决策行为的影响，据此客观评价农业补贴政策的实施效果，并借鉴发达国家农业补贴政策的成功经验和现行农业支持保护补贴政策实施中存在的问题，提出进一步完善农业支持保护补贴的政策建议。具体研究目的如下。

第一，研究稻作大户对新执行的农业支持保护补贴政策的认知及其满意度。政策的满意度是衡量政策执行效果的主要途径，了解稻作大户对于当前实施的补贴政策的认知程度以及对该项政策执行的满意度评价。

第二，研究稻作大户的生产投入行为和种植结构调整行为，稻作大户在政府扶持和市场引导之间是如何反应的。基于湖南省6个产粮大县419户稻作大户的微观调研，实证检验不同类型的补贴政策对于稻作大户的生产决策的影响。

第三，提出完善我国现行农业补贴政策体系的建议。基于发达国家农业补贴政策实施的成功经验，以及当前我国粮食安全面临的挑战，提出进一步完善我国现行农业补贴政策体系的政策建议。

总的来说，本研究将农户生产决策行为置于现行补贴政策的框架下，通过系统分析，为提高农业补贴的政策效能提供支持。

（二）研究意义

本书以农业补贴政策的调整和改革为研究背景，探讨农业补贴政策目标演变的历史及原因，稻作大户对于新补贴政策目标的行为响应，以及对补贴政策的期望和满意度评价，对于新时期调整和优化农业补贴政策具有重要的参考价值。

1. 理论意义

将现行补贴政策与农户生产行为关联，构建一个补贴激励—生产行为响应的分析范式，有助于修正主流经济学中关于农户的理性、自利、完全信息、效用最大化及偏好一致等基本假设的不足，这将是对农户行为理论研究的有益补充。

2. 实践意义

一是有助于优化资源配置，引导公共资源的流向，切实提高农业支持保护补贴的指向性、精准性、匹配度和融合度，提高我国支农财政资金的利用效率；二是有利于提升服务"三农"的水平，为服务"三农"做出贡献。农业支持保护补贴2016年才开始全面铺开，本书属于基础性研究，以期发现可以修正该项补贴的政策建议。

三　农业补贴的定义及分类

（一）农业补贴的定义

农业补贴有广义和狭义之分，广义的农业补贴是指国家对农业部门的所有投资或支持；狭义的农业补贴是指政府对农业生产、农产品流通及贸易进行的转移支付，包括农产品生产者补贴、农业投入品补贴、农产品进出口补贴等，这些补贴被称为保护性补贴。农业补贴政策实施的目标主要是实现农产品的供求平衡，包括数量和质量供求平衡，促进农民增收，提高其生活水平，提高农产品竞争力，促进农业的可持续发展等。政策实施的根本目的在于改变和优化与公共政策目标不相符的经济效果，使受补贴的产业获得更大的支持和发展，从而改变经济社会对资源的再配置。从国际规则看，世界贸易组织的补贴协定对补贴有明确的界定：政府或公共机构专门针对某一企业或产业给予的一项具体利益，可以是提供财政资助，也可以是采取收入或价格支持措施。学术界则认为，农业补贴是指针对农业生产者或农产品、农业部门的"补贴"（程国强，2011）。

（二）农业补贴的分类

经济合作与发展组织（OECD）根据发达国家多年的经验，把农业补贴分为两类（见表1.1），第一，对农业生产者的支持，包括价格支持和直接补贴；其中价格支持措施，即通过价格政策、市场干预等措施向农民和农产品提供补贴支持，补贴成本由政府财政和农产品消费者共同负担。如中国目前实施的最低收购价政策和临时收储措施属于价格支持补贴，农业支持保护补贴政策则属于直接补贴。第二，政府一般性服务支持，即对整个农业部门的补贴支持，包括科研推广、农技培训、农业基础设施建设等计划。

表 1.1　OECD 农业补贴的分类

政策类别	政策分类	中国对应的政策措施
农业生产者支持	价格支持	最低收购价、临时收储措施
	直接补贴	农业支持保护补贴（适度规模经营补贴 – 大户；耕地地力保护补贴 – 承包权农户）
一般性服务支持	农业综合开发项目、产粮大县奖励、现代农业示范项目、培训等	

世界贸易组织（WTO）根据是否对贸易形成扭曲的标准，将农业补贴分为"出口补贴"（Export Subsidy）和"国内支持"（Domestic Support）。其中，"出口补贴"指视出口实绩而给予的补贴。"国内支持"则包括所有有利于农产品生产和农业生产者的国内支持措施，具体包括"绿箱补贴"、"黄箱补贴"和"蓝箱补贴"。

表 1.2　WTO 农业补贴的分类

政策类别	政策分类	中国对应的政策措施
国内支持	绿箱补贴	无贸易扭曲作用，例如，现行的农业支持保护补贴
	黄箱补贴	对贸易有较大扭曲作用的，例如，市场价格支持
	蓝箱补贴	限产计划下的直接补贴，中国暂未启用
出口补贴		视出口实绩而给予的补贴

虽然 OECD 与 WTO 关于农业补贴的政策分类标准不同，但是结合中国的实际情况分析，OECD 的价格支持和直接补贴分别对

应的是WTO中的"黄箱补贴"和"绿箱补贴"。程国强（2011）将中国补贴的实际情况和OECD的经验结合，将补贴分为三种类型——价格补贴、直接补贴和服务支持。本书所指的农业补贴政策沿用程国强的分类方法，将农业补贴分为价格补贴、直接补贴和一般性的服务支持，与之对应的中国农业补贴政策分别是最低收购价政策和农业支持保护补贴。因此，本书关于补贴政策主要探讨价格补贴和直接补贴对于农业生产者（稻作大户）的影响。

（三）稻作大户生产行为的界定

基于上述分析，本书将农业补贴分为价格补贴和直接补贴两种，选取稻谷最低收购价为对象研究价格补贴对稻作大户生产行为的影响，选取农业支持保护补贴为对象研究直接补贴对稻作大户生产行为的影响，特别需要指出的是，一般情况下稻作大户仅获得适度规模经营补贴，但耕种了自家耕地的稻作大户，也能领取耕地地力保护补贴和适度规模经营补贴。

关于稻作大户行为的界定，本书仅研究两类行为：要素投入行为和种植结构调整行为。一是研究作为收入补贴的农业支持保护补贴对稻作大户要素投入行为的影响。因为农业支持保护补贴主要是以现金的方式直接补贴给种粮农民，可以增加稻作大户的收入以及应对要素价格变动，甚至某种程度上可以缓解市场价格波动所带来的风险。而农业支持保护补贴的政策目标是耕地地力保护和支持适度规模经营，要实现这两个目标不能忽视稻作大户的要素投入行为，其中耕地地力的保护与稻作大户绿色生产方式以及有机农药化肥的投入有关，而支持适度规模经营的发展与要素投入、人力资本投入、机械投入以及扩大耕地面积等有直接关系，但在实际调查中，发现稻作大户具有较强的产量导向，特别注重提高单产以实现利益最大化，而这种粗放式的投入模式不利于稻作大户长期的发展。因此，研究农业支持保护补贴对稻作大户要素投入行为的影响，并分析不同资源禀赋和不同规模下稻作大户投入行为的差异对补贴优化有一定的实际意义。

二是种植结构调整行为。主要研究稻谷最低收购价下调对稻作大户种植结构调整行为的影响。因为粮食最低收购价政策是基于市场机制实施的宏观调控手段，国家每年在综合考虑粮食生产成本、市场供求状态、国内外市场价格和产业发展等因素的基础上，确定粮食最低收购价水平并制定相应的执行预案来引导农民的合理种植，提高农民种粮的积极性。而最低收购价自实施以来一直处于缓慢上升的趋势，直到2016年出现连续3年下降的趋势，这一趋势的变化是否会对稻作大户的种植决策行为造成影响呢？从理论上分析，当粮食最低收购价下调时，稻作大户生产预期下降，会选择调整生产结构，减少水稻的种植面积，增加果蔬等农产品的生产，但在实际的调研过程中发现：稻作大户倾向于调整结构，但由于农地流转合约的限制，以及大型机械设备闲置的"隐形损失"，稻作大户调整的难度大于普通小农户。因此，选择种植结构调整行为进行分析，可以有力地考察稻作大户是否能对政策目标进行同向响应。因此，本书以价格补贴和直接补贴为切入点，仅研究两类现实中典型的农户行为。

四　国内外文献综述

（一）国外文献综述

对农业征税，攫取农业剩余价值是各国经济社会发展初期支持工业发展的主要做法，但随着经济社会的发展，对农业给予财政补贴已成为各国一致共识（Lutz，1981）。农业补贴是世界各国支持和保护本国农业的一种基本政策手段，其主要目的是维护农业的稳定发展、保障本国粮食安全和农民收入的稳步增长。但近年来农业支持的成本高、效率低等问题却逐步显现。绝大多数发展中国家都存在粮食安全保障成本过高的问题，政策的持续性和有效性差。而美国、欧盟、日本等发达国家和地区也面临较高的农业支持补贴财政负担。尽管在农业生态领域的研究有助于提高粮食产量，但发展中国家的粮食安全仍需要靠提高投资和改革政策来实现。对于农业政策的研究，已有文献主要围绕政策的经济学解释、政策支持水平、实施情况以及实施中存在的问题、农业政策的未来走向等方面。而关于农业补贴对农户生产行为的影响主要集中在如下几方面。

1. 农业补贴政策对农户生产行为的影响研究

农业补贴的作用框架遵循补贴机理—农户行为响应的分析框架，对农业生产者行为的影响主要体现在农户投资行为、农户种植行为和农户劳动时间配置行为，且会产生农户财富效应和风险保障效应。

一是补贴对农户投资行为的影响。即使是与生产脱钩的直接收入补贴政策也会通过改变农户的信贷约束、风险偏好以及收入水平，影响农户的要素投入行为（Koundouri et al.，2009）。直接补贴政策在一定程度上起到削弱农户风险的作用，促使农户增加农业生产投资（Sulewski，kloczkogajewska，2015）。经验研究表明具有高负债水平的农户倾向于更少的生产和投资（Chambers，Lee，1986；Obeng et al.，2017）。而农户对于农业资本的投资水平，可以通过影响投入品的价格和数量进一步影响农业生产者行为（Anderson et al.，2013）。补贴可以增加农民的收入，这也间接地说明直接补贴在一定程度上能够促进农户投资，可是直接补贴和农户投资之间有什么关系呢？有学者通过建立一个随机动态规划模型分析了风险条件下直接补贴对农户投资关系的影响，发现无论农户的风险规避程度如何，直接补贴均对其具有投资激励作用（Vercammen，2003），但直接补贴的风险削减功能将诱导农户投资于高风险的农产品种植（Roche，Mcquinn，2004；Mccormack et al.，2016）。

二是补贴对农户种植行为的影响。美国对农业实施补贴政策Production flexibility contract（生产灵活性合同），农民采用这种补贴方式之后，无论再生产什么，补贴都不受影响，能够激励美国农作物种植面积每年增加18万~57万英亩，对增加农作物种植面积具有显著激励效应（OECD，2005）。Mcintosh研究了农户在反周期（Counter Cyclical Payment，CCP）支付政策下的种植行为，设计了一个实验模拟不同情景条件下农户如何决策，模拟研究表明农户倾向于扩大种植保护性农作物品种（Mcintosh et al.，2010）。

三是补贴的财富效应和风险保障效应。O'Toole 等（2013）利用 2005~2010 年爱尔兰的面板数据，研究脱钩补贴是否减少了农场面临的投资融资约束，结果验证脱钩补贴款通过改变农业收入风险确实降低了信贷约束。在农户风险规避偏好下，补贴政策能够通过减缓农户收入波动，引导农户扩大农业生产规模。Adams 利用 1997~2000 年美国 11 个州的数据构建实证模型，研究得出美国生产灵活性合同和市场损失援助（Market Loss Assistance）对主要农作物种植面积的增加具有一定的促进效应（Adams，2001）。

四是补贴对农户劳动时间配置行为的影响。补贴可以通过三种不同途径影响农户的劳动时间分配决策：①增加农业劳动边际价值；②增加农户家庭财富；③削弱农户收入波动（Burfisher, Hopkins，2005）。美国 1996 年的农业补贴政策对农户参与非农活动具有明显的负面影响，获得补贴的农户将减少非农劳动时间，增加农业劳动时间的投入。农民非农劳动力参与的决定因素相关研究表明，直接补贴政策激励户主增加农业劳动时间的投入，减少非农劳动时间的投入，而且进一步与"挂钩"的补贴政策比较时发现农户获得"脱钩"的农业补贴时，减少的非农劳动时间数量少于获得"挂钩"补贴时减少的数量（Yi et al.，2015）。

2. 农业保护政策实施效果差异及原因解释的研究

不同的发展阶段，采用的政策工具存在差异。国内支持和保护农业的政策工具较多，一般包括市场准入壁垒（关税和进口配额）、农业支持（如国内农业补贴、出口补贴）等，农业补贴政策的实施效果是各国研究的重要领域，但不同政策工具的经济效应迥然不同。近年来，各国农业保护政策主要集中在农业补贴方面，尤其是农业直接补贴，但对农业直接补贴的效果或作用的研究并未达成共识。

一部分学者认为农业直接补贴具有积极影响。农业补贴降低了世界农产品的价格，增加了贸易各方的净福利，双方消费者都从中获得了好处（Bhagwati，2004）。Barker（1976）利用改进的需求－供给模型分析了菲律宾的大米补贴，发现与价格支持相比，肥料等要素投入补贴的经济效应明显。Anderson（2006）认为消极的市场准入壁垒扭曲了生产和消费行为，而国内支持则只扭曲了生产行为，且造成的福利损失较小。直接补贴有利于增强农户的信贷能力，减轻生产成本投入压力，使农户有更大的积极性进行粮食生产，尤其是对一些存在资金流动性约束的农户而言，直接补贴对生产成本的降低有利于其粮食增产（Chang et al.，2015；Roosen et al.，1998），平抑农户收入的波动，从而扩大生产规模（Hennessy，1998）。还有另一部分学者认为农业直接补贴具有负向影响。Schmitz 等（2002）认为带有脱钩性质的农业直接补贴不会显著影响农户的农业投资行为，但是生产性专项补贴具有更强的投资激励作用。Bertsimas 等（2004）认为 CAP 的直接补贴可以改善环境问题以及贸易扭曲，但是对生产的影响可以忽略不计。Lim（2007）认为美国的直接支付对生产没有作用，其补贴标准的增加既不会显著提高农户预期收入，也不能明显促进生产。Serra 等（2006）认为脱钩补贴对于农业生产率的影响较为微弱，其他因素较直接补贴更易影响农产品的生产量。Alston（2010）建立了部门模型利用 2005 年数据模拟发现取消美国所有的农业政策只会对主要作物的产出量造成相当有限的影响。Daniel（2014）研究了 1987~2007 年美国农场规模变化，认为由于多种农业之间错综复杂的关联和享受补贴的自我选择性，农业补贴的实施并没有显著影响农场种植规模的大小。

3. 国外农业保护政策的变化及调整方向

政策变化主要为以下几方面。一是关于补贴程度。各国和地区农业支持总量、结构和支持政策受农业本身的特性及市场环境的影响，各国和地区都不断加大对本国和地区农业的支持力度。二是补贴方式。由价格补贴向收入补贴调整，一方面是为了规避 WTO 农业规则的限制和风险；另一方面是为了避免传统价格支持政策存在的缺陷和漏洞，提高补贴效能，促进调控目标不发生偏移。三是补贴环节。逐步削减流通领域的补贴额度，加大对农业综合开发和农民收入的政策支持力度，增加用于农业科研、教育和技术推广等基础领域的补贴，进而提高农业生产效率。四是补贴工具。各国正在实现由"黄箱政策"向"绿箱政策"的转变。

此外，经过几十年的发展，国外农业保护政策不断从以价格支持为主转向以收入支持为主，同时更加注重对环境保护的支持。

其一，关于绿色生态农业补贴必要性、补贴目标和补贴内容的研究。发达国家非常重视维护农业生产与生态环境二者之间的平衡关系,绿色生态性质的补贴机制建立较早,但贯彻落实并不理想(Mcdonald,2000;Robinson,2002)。近年来,发达国家通过农业补贴政策调整,强化了应对环境挑战和实现绿色发展导向(Wortley,2013;Uthes et al.,2013;Stubbs,2014)。补贴目标主要是满足消费者不断提高的对农产品质量和食品安全的要求,促进环境保护、生物多样性、农业发展、农民增收和农村社会进步协调(Kleijn,Lammertsma,2003;Norer,2009;Rodgers,2009;Claassen,2012)。美国和欧盟等国家和地区在补贴内容上存在一些差异(Baylis et al.,2008)。美国主要发展有机农业,以扶持农业生产者为导向,对有机认证成本分摊(Burke,2007)、环保激励(Cattaneo,2003;Reimer,Madigan,2013;Smith,2009)、有机作物保险(Glenn et al.,2014;Zhang,2007)等方面进行多层次的扶持和补贴(Stubbs,2014)。欧盟不仅关注对农业生产环节的支持,也对农产品流通、加工、农业科技研发和推广等方面进行综合支持,并对特定人群,如青年职业农民进行专业技能培训等(Baylis,2004;Mcguire et al.,2004;Bureau et al.,2015;Capitanio et al.,2014)。

其二,关于绿色生态农业补贴绩效和影响因素的研究。有学者利用德国农场微观面板数据,采用双差分倾向得分匹配的方法,发现参与农业环境项目能减少化学肥料使用,并总结了大量农业环境项目的经济价值,但目前对农业环境项目的资源环境效应依然存在争议(Ewald,Aebischer,2000;Peach et al.,2001;

Kleijn, Sutherland, 2003）。Knop 等（2006），MacDonald 等（2012），Imhof 等（2014）认为绿色生态农业补贴对农业生产具有正向影响；也有人认为其作用有限（Feehan et al., 2005; Kleijn et al., 2004），甚至具有负面影响（Besnard, Secondi, 2014; Fuentes-Montemayor et al., 2011）。Nutzinger（1994）认为"信息租"会使补贴系统低效率，引入拍卖机制能够解决政府和农户之间的信息不对称问题（Talor et al., 2004; Cason, Gangadharan, 2003）。此外，人力资本水平（Siebert, 2006）、社会网络、交易成本（Ducos et al., 2009）、农户偏好（Dupraz et al., 2002）、合约弹性（Wynn et al., 2001）等因素会影响农户参与率，进而影响补贴绩效。

其三，关于绿色生态农业补贴框架和机制创新的研究。2014年欧盟农业补贴改革中提出活跃农民（Active Farmer）概念，鼓励实现补贴对象的精准化（Carpentier, Letort, 2014）。New-Meyer 等（2014）认为交叉遵守（Cross Compliance）机制成为欧盟农业生产政策中直接补贴措施附加的环境条件，能有效规划农户的生产行为，促进"亲环境"行为，但也可能会造成一些长期性的问题。Baldock（2010）和 Michalek 等（2014）认为单一支付机制（Single Payment Scheme）要求申请补贴的农户必须遵守食品安全、动物卫生、水资源保护和耕地保护等法定管理要求，并有义务维护好农业和环境条件，如果未达标，补贴将被削减。

(二)国内文献综述

1. 农业补贴与粮食增产、农民增收的关系

政策因素对粮食生产具有重要的影响,近年来国内外学术界的研究成果也表明,农业政策对提高粮食产量和增加农民收入具有重要的预期效果。例如,周应恒等(2009)基于宏观数据,建立了一般均衡模型,模拟了农业补贴政策对粮食产量和农民收入的影响,认为中国和印度粮食安全结果的差别在于粮食政策的选择,政策因素对提高粮食产量具有重要的激励作用。但也有一些学者认为农业政策在很大程度上虽实现了农民增收,但对粮食产量提高的影响并不显著(耿仲钟,2018;高鸣,2017;周静、曾福生,2018;杜辉等,2010)。农业政策成功与否不仅取决于政策的实施环境,而且取决于农民对政策刺激反应的强烈程度(陈飞等,2010)。

2. 不同类型农业补贴与农户行为决策的关系

研究农户行为有助于加深对农户的认知,从而为政府在制定农业政策时提供科学的依据。国内学者对于农户行为的研究涉及生产、消费、技术采用、农业投资等方面。农业补贴影响农户的决策行为(匡远配,2008),政策因素对粮食生产具有重要的影响。

一是直接补贴与农户行为。刘克春(2010)研究了农业补贴对农户粮食生产行为的影响,认为农户粮食生产收入预期是决定农户粮食种植决策行为的中介变量;政府实行的粮食直接补贴、最低收购价政策,调节了以粮食生产为主要收入来源的农户的粮食种植决策行为,提高了粮食生产积极性,一定程度上促进

了粮食种植面积的扩大；而农业生产资料价格负向地调节了农户的粮食种植决策行为（黄季焜等，2011）。王玉珏（2013）认为相比于粮食直补，土地流转补贴更能对种粮大户的"扩耕行为"产生激励，通过"补地"，避免了"补人"方式下面临的补贴对象严重"泛化"的问题，降低了政策的执行成本。当然，农业补贴政策也能影响家庭劳动时间分配。吴连翠、柳同音（2012）研究农业补贴政策对农户非农劳动时间供给具有显著的负面影响，即农业补贴能够减少农户非农劳动分配时间，这说明农业补贴政策对农业生产的正向激励。吴海涛等（2015）认为虽然粮食直补、良种补贴和农资综合补贴均对农户粮食作物生产具有显著的正向激励作用，但三种补贴方式对农户生产激励的效果存在区别。此外，要素市场发育（洪建国、杨钢桥，2012；徐志刚等，2018）、食品安全的政府规制（周峰，2008）、合作社内部交易合约安排（蔡荣，2012）、农地经营规模（纪月清等，2017）、政策环境（张林秀，1996；应瑞瑶等，2018）、气候变化（姜岩等，2015）、贫困地区农民分化（彭莹，2015）等都对农户粮食生产行为产生较大影响。但是农民对政策的需求受农户个体特征、家庭特征和信息接收能力等因素的影响较为明显（余志刚、樊志方，2017）。

二是最低收购价与农户行为。2017年初，中国已开始着手调整稻谷最低收购价。曹慧等（2017）运用全球农业贸易局部均衡模型（PEATSim），讨论了稻谷和小麦最低收购价政策改革对粮食市场和农民收入的影响。研究结果表明，2017年稻谷最低收购价的下降对中国粮食市场的影响总体比较小；但较大幅度下调（超过10%）甚至取消最低收购价对粮食市场的冲击非常大，不仅会使粮食产量下降，还会对主产区尤其是稻谷主产区农民收入造成较大负面影响。赵玉、严武（2016），张爽（2013）认为农户会根据粮食价格和化肥价格调整其种植行为，粮食价格预期增加1%，粮食种植面积约增加0.13%。政府每年公布的最低收购价是影响主产区农户粮食供给的主要因素之一；最低收购价通过引导粮农的价格预期从而对他们的粮食供给行为起导向作用。近年来，国家稳步提高粮食最低收购价水平，对有效保护粮农利益、调动农民粮食生产积极性、保证重点粮食品种的市场供给起到重要作用。同时，粮食主产区农户小规模分散式的供给行为对粮价信号的放大作用在最低收购价政策制定与执行的过程中应被予以足够重视。最低收购价政策实施，对于保障农户种粮积极性（曹慧等，2017）、提高农民种植意愿（刘艳秀等，2017）、促进种植结构调整（赵丹丹、周宏，2018）、提高粮食产量（潘烜等，2017）和农户收入（贾娟琪等，2018）等方面具有一定的托市效应（陈志礼等，2017）。

3. 农业补贴政策存在的问题和调整对策

农业补贴是支持和保护农业发展政策体系中最主要、最直接、最灵活有效的政策工具，它在保障我国粮食安全、缩小城乡居民收入差距及实现农业可持续发展等方面具有重要作用（程国强，2011；方松海、王为农，2009；朱满德、程国强，2015），同时它也是保护种粮农户利益的工具和农村公共财政建设的主要内容。但因我国粮食供给内生性保障要求，农业补贴存在明显的政策"管窥"，过度聚焦粮食增产、农民增收，强调对农业生产的激励，却忽视了可持续发展目标取向。更严重的是基于产量和收入提高的农业补贴政策造成了一系列资源环境问题和农产品质量安全问题，农业补贴政策的负外部性日益凸显，严重威胁了我国农业的可持续发展（栾江等，2013；黄季焜等，2012；匡远配，2013；仇焕广等，2015）。国家统计局数据显示：自20世纪80年代化肥广泛使用以来，我国农用化肥施用量（折纯）已由1980年的1269.4万吨增加到2013年的5912.9万吨，占世界总量的35%；全国每公顷耕地化肥平均施用量由1980年的127.8千克增加到2013年的437.4千克，是国际公认化肥施用安全上限225/hm^{2}的1.94倍；每年约有50万吨农膜残留在土壤中形成"白色污染"；有60%~70%的农药残留在土壤中形成农药残留（李昊等，2018）。过量化肥投入不仅给农民带来经济效益上的损失（Huang et al.，2008），而且引发了农产品质量安全问题（王可山、苏昕，2018；张利国等，2017）。农业补贴政策的实施，对农业机械化提高、低毒农药的使用、先进农业技术的运用有一定促进作用，但对劳动力投入天数、农田基础设施投入、种植绿肥面积和施用农家肥基本没有影响（陈美球等，2014）。

国内学者从农户视角出发，认为现行农业补贴政策并未实现增强农户种粮意愿的政策设计初衷。但是，从粮食托市收购政策来看，学者运用DID模型和面板数据模型对小麦、早籼稻、晚籼稻、玉米和大豆等5种粮食品种近十几年的粮食产量数据进行研究，结果表明，粮食托市收购政策的实施确实有增产效应，对小麦、玉米、早籼稻和晚籼稻的增产效应为正，增产程度较明显，而对大豆的增产程度不明显（赵霞等，2016）。从农田保护经济补偿政策来看，显著增强实践地区农民的政策满意度，激励农民参与农地流转，但对提升农民参与农田保护性耕作措施积极性的作用较小（朱兰兰、蔡银莺，2017）。因为农民对政策的需求受农户个体特征、家庭特征和信息接收能力等因素的影响较为明显（余志刚、樊志方，2017）。未来关于补贴政策的调整方向，程国强（2016）建议按照"定向施策、价补分离、创新调控、综合配套"的思路，采取"退出粮价支持＋种粮收益补贴"组合改革方式，形成以市场定价为基础的粮食价格形成机制、以直接补贴为主体的农民利益保护机制。

4. 研究农户行为的理论学派

一般而言，农户生产行为是指农户在特定的社会经济环境中，为了实现自身的经济利益而对外部经济信号做出的反应。有关农户行为及其模式研究中，类型化是一个重要特征，由此形成了不同的理论，如道义小农、理性小农、生存小农和社会化小农（刘金海，2018；赵晓峰、赵祥云，2018）。农户生产决策包括种植品种决策、技术选择、扩大规模及市场参与等方面。农户作为经济行为主体，具有特殊的经济利益目标，并在一定条件下采取一切可能的行动追求其目标（宋洪远，1994）。对农户生产目标的研究存在三种观点：一是恰亚诺夫（1996）认为农户家庭生产的目的是满足家庭自给需求而不是追求市场利润最大化；二是舒尔茨（2007）认为农户的生产行为是符合经济理性的，一旦现代技术要素投入能保证利润在现有价格水平上的获得，农户会毫不犹豫地成为最大利润的追求者；三是黄宗智（1992）认为农户家庭在边际报酬十分低下的情况下仍会继续投入劳动，由于缺乏很好的就业机会，劳动的机会成本几乎为零，农户家庭没有边际报酬概念或农户家庭受耕地规模制约（宋圭武，2002）。所以不同的理性目标促使农户的分化，不同类型的农户（家庭农户和种粮大户）面对相同政策激励存在差异化变现，尤其体现在生产行为上（汪丁丁等，2015）。农户生产行为主要包括生产用工行为、投资行为、技术采用行为以及土地流转行为。影响农户决策的因素包括内部因素和外部因素，内部因素包括文化程度、家庭人口与劳动力数量、土地面积；外部因素包括自然环境条件、传统习惯、农技推广成本与效益、政策、非农收入、社区及邻里关系、推广服务体系等（蔡立旺，2004；蒙秀锋等，2005；李更生，2007；刘莹、王跃岭，2010）。

当前农户生产行为变化的相关研究多数假定是基于自身资源禀赋特征的独立决策反映，忽略了农业生产活动所客观存在的决策外部性的影响，受到自身资源禀赋、稻作净收益水平、传统种植习惯和相关联的种植业结构调整的直接影响，以及村庄农业生产活动外部性影响（王全忠等，2016）。任何收入都会分解归之于生产资源的所有者。随着农业的发展，农民原有的"三位一体"（土地所有者、经营者和劳动者）角色开始分化，不同的农民拥有的资源不仅在数量上而且在结构上存在巨大差别。在这种情况下，各种农业政策就可能产生不同的收入分配效应。为了分析各种农业政策的收入分配效应，需要知道不同农民所拥有的农业资源情况和该政策对各种农业资源价格的影响（钟甫宁等，2008）。

（三）文献述评

综观国内外农业补贴政策的相关研究文献，可以发现前人从不同的视角和方法对此进行了大量的研究，并取得了丰硕的研究成果，总体来看，已有研究对农户行为经济学理论以及农业支持政策的理论研究相对比较成熟，实证研究也在不断发展和创新，研究视角广阔，研究成果丰富。

从研究内容上，国外学者突破传统经济学理论的局限，开创了农户行为经济学研究，创建农户模型，研究农户在社会、经济、市场、政策等因素变化下的行为反应，为后继农户行为的研究奠定了理论基础。国内学者对农户经济行为进行了大量研究，大多分析农业补贴政策实施前后或补贴标准变化对农户粮食生产和种植业收入的直接影响，尚未充分考虑到农业补贴政策对农户农业生产行为乃至非农劳动行为的影响，忽视农业补贴政策诱发的农户生产要素投入尤其是非农劳动行为变化的影响及其对提高家庭收入的间接影响。

从研究方法来看，有关农业补贴政策效果评价的研究中，主要运用数理推导、统计分析以及计量实证等方法来分析农业补贴政策对于增产或者增收的激励效果。一般是用单产的增加、播种面积的增加、劳动力投入增加、化肥施用量等因素作为主要研究对象。一般来说，因变量用粮食产量或者农民收入来进行描述。

而研究的数据以宏观统计数据为主，微观调研数据较少。由于国家在2016年对农业补贴进行了大幅度调整，政策目标也发生了变化，重点支持适度规模经营，但是我们也不能忽视小农与现代农业的衔接。随着适度规模经营主体的壮大，农户分化的特征逐渐明显，因此，已有的因变量不足以反映当前农业补贴政策实施的绩效。

从研究对象来看，现有文献对于农业补贴的研究主要聚焦在直接补贴上，对于农业支持保护补贴这项新政策的研究数量有限，仅有若干篇理论性文章，缺乏微观的实证分析。除此之外，现有文献并没区分农户的资源禀赋差异。随着农业支持保护补贴的改革，新增的适度规模经营补贴重点是支持稻作大户，而当前关于适度规模经营主体对于改革后农业补贴的认知及补贴实施效果研究较为缺乏。

从研究结论来看，学者们存在一定争议，焦点在于农业补贴政策究竟能在多大程度上促进粮食增产和农民增收，有些学者认为农业补贴政策的实施效果显著，有的学者认为农业补贴政策的实施效果甚微，其原因除了研究方法以及调查样本选取上的差异以外，还有一个重要的原因是描述政策评估效果的指标存在差异，本书从农户角度出发，用其行为是否同步同向于政策的变动来反映其政策目标是否实现，在一定程度上丰富了现有研究成果。

鉴于上述分析，本研究分析了现有农业补贴政策的框架体系，基于农户行为经济学理论，构建了嵌入农业补贴政策的农户生产行为响应理论模型，并基于湖南省产粮大县稻作大户的微观调查数据，实证分析现行农业补贴政策对农户生产行为的影响。

五　研究思路、内容与方法

（一）研究思路

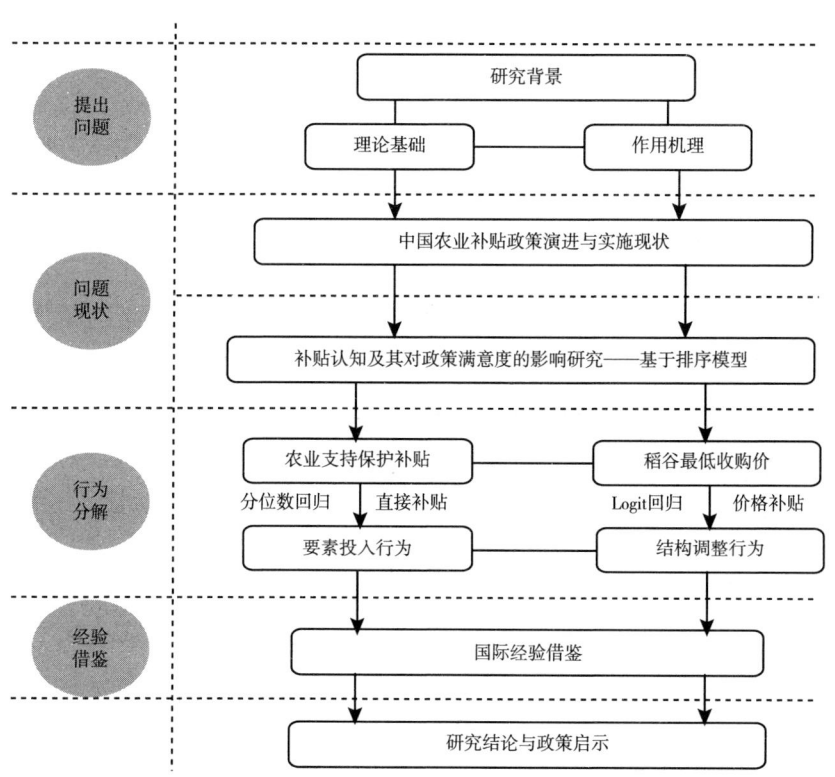

图 1.1　研究思路

（二）研究内容

本书研究内容共分八章进行阐述。

第一章：农户分化及补贴制度改革的需求。本章主要介绍了研究背景及意义，在国内外文献回顾的基础上，明确研究目标与研究内容，阐述论文的研究思路与结构安排，概括研究方法与数据来源，总结研究的创新与不足之处。

第二章：理论基础及作用机理。本章在分工理论的基础上，构建了一个"补贴政策—农户行为—农业生产"的理论分析框架。该框架假设某一个区域存在农业生产和非农业生产两个部门，农户的效用由消费和闲暇两部分构成，本章分析在不同类型补贴的刺激下农户的生产决策行为。

第三章：粮食补贴政策的演进及实施现状。本章梳理了农业补贴政策演进历程、取得的成绩及现在存在的问题。以湖南省为例，分析了湖南省粮食补贴政策的具体实施现状及湖南省补贴资金投入与稻作大户的空间分布特征。

第四章：稻作大户对粮食补贴的认知和满意度分析。首先构建了"政策认知—期望与实际偏差—政策满意度"的分析框架，基于湖南省419户稻作大户的微观数据，利用因子分析方法构造补贴政策综合满意度指标，并采用排序模型实证分析了政策认知程度对政策满意度的影响。

第五章：直接补贴对稻作大户生产行为的影响。本章以补贴的第一种类型（直接补贴）为例，运用湖南省419户稻作大户的微观数据，以分位数回归的方法，实证研究农业支持保护补贴对稻作大户生产投入行为的影响。其中被解释变量为稻作大户的亩均物质资本投入（包括亩均种子投入、亩均劳动力投入、亩均机械投入），核心解释变量为农业支持保护补贴（耕地地力保护补贴和适度规模经营补贴）。

第六章：价格补贴对稻作大户生产行为的影响。本章以补贴的另一种类型（价格补贴）为例，研究最低收购价政策对稻作大户种植结构行为的影响。粮食最低收购价实行的初衷，是既能保护农民利益，又能引导农民合理调整粮食种植结构，因此讨论对其种植结构调整行为的影响具有代表性。本章通过61个村188户稻作大户的微观调研，以稻作大户种植结构调整行为为切入点，研究粮食最低收购价下调后，稻作大户种植结构调整行为到底是"变"还是"不变"的政策影响，其中对价格补贴的刻画运用国家最低收购价的变化和市场收购价的变化进行同步考虑，得出相关结论及政策建议。

第七章：农业补贴政策优化方向。本章首先对美国、欧盟和日本发达国家和地区不同阶段的农业补贴政策措施进行了回顾，其次分析了我国当前粮食补贴政策改革所面临的环境，进而提出了粮食补贴政策改革的新思路，最后在总结发达国家和地区农业补贴政策成功经验的基础上，针对我国目前农业补贴政策的实施现状及存在的问题，提出了一些适用性政策启示。

第八章：研究结论和政策建议。本章主要对全文的研究结论进行系统总结，结合我国农业支持保护补贴的实施现状和发达国家的农业补贴政策的成功经验，进一步提出完善我国农业补贴政策体系的政策建议。

（三）研究方法

本研究采用理论与实证相结合的分析方法、定性和定量相结合的分析范式，研究现行农业补贴政策对稻作大户生产行为的影响。研究方法主要包括如下几个。

1. 文献研究法

通过国内外文献回顾，对农业补贴政策的演变、内涵目标、现状、成效进行回顾总结，为后续研究的推进及提出有针对性的政策提供基础。

2. 实地调研法

本书选择湖南省稻作大户生产情况以及对补贴的认知等指标进行数据收集统计。具体指标包括：样本农户的粮食生产与销售等信息，如家庭承包土地面积、土地流转面积、作物播种面积、单位面积平均产量、化肥使用量、粮食生产成本及构成、粮食销售时间、平均销售价格、销售渠道等；关于补贴，确认农户对于补贴的认知、是否获得补贴、补贴是否对"扩耕"和"要素替代"发生反应。

3. 实证分析方法

（1）排序模型

$$y^* = x'\beta + \varepsilon \qquad (1-1)$$

$$y = \begin{cases} 1 & \text{若 } y^* \leq r_0 \\ 2 & \text{若 } r_0 < y^* \leq r_1 \\ 3 & \text{若 } r_1 < y^* \leq r_2 \\ 4 & \text{若 } r_2 < y^* \leq r_3 \\ 5 & \text{若 } y^* > r_3 \end{cases} \quad (1-2)$$

其中，$r_0 < r_1 < r_2 < r_3$ 为代估参数，称为"切点"。并假设 $\varepsilon \sim N(0, 1)$，则

$$P(y = 1 | x) = P(y^* \leq r_0 | x) = P(x'\beta + \varepsilon \leq r_0 | x) = $$
$$P(\varepsilon \leq r_0 - x'\beta | x) = \Phi(r_0 - x'\beta) \quad (1-3)$$

$$P(y = 2 | x) = P(r_0 < y^* \leq r_1 | x) = P(y^* \leq r_1 | x) - P(y^* < r_0 | x) =$$
$$P(x'\beta + \varepsilon \leq r_1 | x) - \Phi(r_0 - x'\beta) = \Phi(r_1 - x'\beta) - \Phi(r_0 - x'\beta) \quad (1-4)$$

$$P(y = 3 | x) = \Phi(r_2 - x'\beta) - \Phi(r_1 - x'\beta) \quad (1-5)$$

$$P(y = 4 | x) = \Phi(r_3 - x'\beta) - \Phi(r_2 - x'\beta) \quad (1-6)$$

$$P(y = 5 | x) = 1 - \Phi(r_3 - x'\beta) \quad (1-7)$$

（2）分位数回归模型

分位数回归方法由 Koenker 和 Bassett（1978）提出，其是对传统普通最小二乘均值回归方法（OLS）的扩展，主要针对解释变量 x 与被解释变量 y 不同分位点之间的非线性相关关系进行估计。分位数回归原理如下所示。

对于连续型随机变量 y，其条件分布 $y | x$ 的累计分布函数为 $F_{y|x}(\cdot)$，则条件分布 $y | x$ 的总体 q 分位数（$0 < q < 1$）记为 y_q，满足 $q = F_{y|x}(y_q)$。

假设条件分布 $y | x$ 的总体 q 分位数 $y_q(x)$ 是 x 的线性函数，即

$$y_q(x_i) = x'_i\beta_q \qquad (1-8)$$

其中，β_q 被称为 q 分位数回归系数，其估计量 $\hat{\beta}_q$ 可以由以下最小化问题来定义：

$$\min_{\beta_q} \sum_{i:y_i \geq x_i'\beta_q}^{n} q|y_i - x_i'\beta_q| + \sum_{i:y_i \geq x_i'\beta_q}^{n} (1-q)|y_i - x_i'\beta_q| \qquad (1-9)$$

对此，本书构建的分位数回归模型如下。

$$Q_q[\ln avercost_i | x] = C + \partial_1^q \ln totalgdsubsi_i + \partial_2^q \ln totaldhsubsi_i + \sum_{j=1} \beta_j^q x_j + u_i \qquad (1-10)$$

其中，(1-10) 式中的 ∂_i^q 分别表示对各个变量进行参数估计的第 q 个分位数的回归系数，x 代表一系列控制变量。根据高梦滔和姚洋（2007）研究，通常采用 bootstrap 密集算法技术对分位数回归系数 ∂_i^q 进行估计，即不断进行有放回的抽样来获得样本的置信区间，从而对分位数回归系数加以估计。

（3）Logit 回归模型

为检验稻谷最低收购价变化对稻作大户生产结构调整行为的影响，将被解释变量定义为："稻作大户农业生产行为是否发生变化"为 0~1 型二值变量，故构建离散型选择模型。要研究在稻谷最低收购价发生变化时，稻作大户水稻种植面积发生相应变化的条件概率，Logit 回归模型可以达到目的，具体设定形式如下文所示。

$$p(y_i \mid x_i) = F(x,\beta) = \frac{\exp(x'\beta)}{1+\exp(x'\beta)} \qquad (1-11)$$

其中，$p = p(y_i \mid x_i) = 1$，表示稻作大户在稻谷最低收购价下降条件下，改种其他农作物的条件概率，其中 x 包含一系列解释变量和控制变量，核心解释变量为稻谷最低收购价的两年期变化状况。对公式（1-11）进行改写，得到：

$$\log\left(\frac{p}{1-p}\right) = x'\beta \qquad (1-12)$$

上式中，$p/(1-p)$ 代表稻作大户改种其他农作物是不改种其他农作物的倍数。假设 x_i 增加 1 单位，对应稻作大户改种其他农作物的概率是 p^*，则"稻作大户改种其他农作物是不改种其他农作物的倍数"在 x_i 变化前后的比值为：

$$\frac{p^*/(1-p^*)}{p/(1-p)} = \exp(\beta_i) \qquad (1-13)$$

上式中，$\exp(\beta_i)$ 在计量经济学中被称为"概率比"，表示"稻作大户改种其他农作物是不改种其他农作物的多少倍"，其含义是解释变量变化 1 单位导致概率比变化的倍数。最终，我们结合本书的研究内容，对变量进行取舍后，用于参数估计的模型定义为：

$$\log\left(\frac{p_i}{1-p_i}\right) = \beta_0 + \beta_i \cdot gopriceor_i + \sum_j \beta_j \cdot x_j + \mu_i + \xi_i \qquad (1-14)$$

上式中，p_i 表示稻作大户在稻谷最低收购价下降条件下改种其他农作物的概率，$gopriceor_i$ 表示核心解释变量"稻谷最低收购价格的变化状况"，x_i 表示一系列已在上文描述性统计中说明的控制变量，μ_i 表示个体特征，本书中将设置村组级别的个体虚拟变量（village）予以控制，ξ_i 表示误差项。

六 数据来源

为了分析农业补贴对稻作大户生产行为的影响，本书选取我国粮食主产区之一，同时也是稻谷收储制度改革的试点之一的湖南进行实地调研。本书依据 2017 年湖南省 64 个产量大县的排名，选取粮食产量排名前 6 的产粮大县进行微观调研，以湖南省的水稻生产为例，从农业补贴的不同类型出发，具体分析不同类型补贴对于稻作大户生产行为的影响。

1. 文献阅读和前期经验调查

在文献阅读收集了关于农业补贴的相关问题后，根据地形特征选取处在山区的江永县、平原地区的长沙市望城区以及丘陵地区的益阳市进行前期经验调查，并收集在访谈阶段所出现的新问题，为研究提供感性的认识。在前期经验调查阶段，发现山区的种粮大户特别分散，一个村基本就一户种粮大户，而且受土地细碎化程度以及灌溉条件的约束，农户一般采用水稻与烟叶或者蔬菜等经济作物套种的模式，这对于本书研究主体——稻作大户不具有普遍借鉴意义。因此本书选取稻作大户较为集中的产粮大县进行问卷调研。

2. 问卷设计阶段

在前期经验调查的基础上，结合访谈反馈的问题，继续查阅文献，设计了详细的调研问卷，问卷的内容涉及种粮大户的家庭劳动力情况、家庭收支情况、农户经营耕地和农作物播种面积、粮食生产投入产出情况、种粮大户对农业补贴的认知和态度、扩耕行为、要素投入行为、种植结构调整行为等情况的详细信息。

3.预调研及正式调研阶段

在大范围调研之前，先进行小规模测试并对问卷进行纠正和完善，并形成了最终的调研问卷，确定调研地点。具体来说，预调研阶段。为了减少大规模调研中的资源浪费及避免农户填写的模糊选项，笔者于2018年4~5月在湖南省望城区的格塘镇和东城镇进行了小规模预调研，根据预调研结果，对调研问卷进行进一步修正。正式调研阶段。正式调研集中在2018年7~8月以及10~11月。在2018年7~8月，依托湖南农业大学经济学院暑期社会实践的机会，前往粮食产量排名前三的宁乡县、湘潭县、桃源县进行问卷调研。调研团队由8人组成，每县66份问卷，共获得有效问卷188份。在2018年10~11月，笔者带队前往粮食产量排名前6的鼎城区、汉寿县、衡阳县进行问卷调研，共计回收有效问卷231份。因此，本研究覆盖湖南省188个村，合计样本419份，能够保证样本的充足性和基本的统计需求。

七 可能的创新

本书基于OECD的分类标准，分析了我国当前农业支持性保护补贴政策框架的构成，并分析了不同类型补贴政策的实施背景、操作方式和政策效果，丰富了关于我国农业支持性保护补贴政策的研究成果。同时本书通过一手的微观调研数据探讨了稻作大户对于补贴的认知及政策响应程度。可能的创新主要体现在以下几方面。

第一，本书基于分工理论，提出了不同类型补贴政策影响农户行为的机制和路径。将农业支持保护补贴和粮食最低收购价补贴统一进行考量，弥补了对于农业补贴政策的割裂研究，同时基于农户生产决策视角，从农户对于补贴政策的响应程度反观不同类型补贴的实施绩效，弥补了仅从粮食产量和农民收入视角来评价农业补贴政策实施绩效的不足。

第二，本书将农业支持保护补贴这项新的农业政策作为研究对象，拓展了我国农业支持政策研究的外延。对于这一项执行时间较短的新政策主要是将其置于我国农业支持保护性补贴政策体系的框架中，从历史的角度分析了该项政策的传承和创新，并分析了稻作大户对该项补贴政策目标的响应程度。

第三，指标选取上的创新，①投入指标的精细化处理，将亩均物质资本的投入细化为亩均种粮投入、亩均化肥投入、亩均机械投入、亩均灌溉投入，而亩均化肥投入又进一步细化到氮肥、磷肥、钾肥的亩均投入。②关于稻谷最低收购价的变化状况的刻画以2018年稻作大户面临的稻谷最低收购价与2017年其相应的稻谷最低收购价的比值来衡量，更进一步，我们将这一价格比值大于1，取值虚拟变量0，表明收购价格上涨，而小于1时，取值虚拟变量1，表明收购价格下降。收集了稻作大户的实际售出价格并进行对比描述。③关于农业支持保护补贴政策的刻画主要是基于当年稻作大户所获得的"耕地地力保护补贴总额""适度规模经营补贴总额"加总来进行描述，虽然也是以现金方式进行发放，但这区别于以往的粮食直接补贴。

第二章
理论基础及作用机理

本章基于分工理论，构建了一个"补贴政策—农户行为—农业生产"的理论分析框架。该框架假设某一个区域存在农业生产和非农业生产两个部门，农户的效用由消费和闲暇两部分构成，分析在不同类型补贴的刺激下农户的决策行为。

一 农业分工理论、农户行为理论和农业补贴理论

1. 农业分工理论

在经济学经典著作《国富论》一书中，亚当·斯密提出了"分工在一定条件下导致普遍富裕"的斯密命题，可见分工是促进经济增长和社会进步的核心要素，而农业要实现增产，关键也在于"分工"秘诀（向国成，2005）。分工深化的关键在满足基本的"劳动专业化"和"专业多样化"条件以外，为了实现现

代化农业大生产分工的需要,还要实现个体农户和团体间的"经济组织化"和使用现代化农业生产资料为主要特征的农业"生产迂回化"目标(杨小凯,2003;向国成,2005)。

"农业劳动专业化"是提高农业劳动生产率的基本条件,这体现在农户是否更多地分配劳动时间于农业生产活动中。

"专业多样化"体现为不同产品(包括农业部门不同的粮食品种生产及非农业部门生产品)生产和市场交易的互补①,这是维持农业生产分工演化的必要条件。

"经济组织化"是农户个体和组织需要以相互联合的方式来借助经济组织(比如互助组、生产合作社等、农户联合承包集团等)提升农业劳动生产率,这里组织联合促进分工深化以促进劳动生产率提升的秘诀是:组织能够协调农户生产者之间的生产资料购置、隶属和使用关系,传递农户生产和农产品市场交易竞价等信息以及应对农业生产过程中各种风险和不确定性等。

"生产迂回化"则体现为农户从事农业生产需要借助现代化农业生产资料(如现代化农业生产机械等)来进行迂回化生产以提升农业生产效率,小农式农业生产劳动方式的直接特征就是

---

① 这里的专业多样化,主要体现在随着劳动专业化程度的提高,当劳动人数增加时,基于消费多样性偏好条件,演化产生不同产品的生产和交易需求,从而间接提高劳动生产率。举例:一个经济社会只存在 3 个生产者,可以从事粮食生产、棉花生产和衣服制造三种劳动,如果专业化分工到极致,三人分别从事三种对应的劳动,整个社会劳动生产率最高,但若三者均生产其中三种中的两种生产活动,整个社会则没法运行(冻死或饿死)。

基本简单的徒手从事农业生产劳动（即使有用，也只是初级低端农业生产资料），而现代化大生产农业则是借助现代化生产技术或工具以高度生产迂回化的生产模式。

农业支持性保护补贴政策，我们认为是通过促进农业生产分工和专业化水平的提高，来影响农户从事农业生产的积极性，进而实现向纵深分工和专业化的现代化农业大生产模式演化来促进农业增产的。政府可实行的农业支持性保护补贴类型，归纳起来主要有两种：价格补贴和直接补贴。尽管都属于农业支持性保护补贴，但是对农户的生产行为刺激效应并不相同。农产品价格补贴机制的影响路径如下。其一，农产品价格上升，改变农产品和其他非农产品的相对价格，农户可能更倾向于从事农业生产，因为有更大利润可图，这就产生所谓的价格替代效应；其二，直接与农产品产量挂钩，从事农业生产的农户如果想获得更高收入，只能尽可能地扩大农业生产投资或者更多地依赖经济组织化来提升劳动生产率，实现农业增产，因此，此类补贴能够同时产生直接价格增量效应。直接补贴可能会产生两种相反的农户生产行为刺激效应，一种是因为有直接补贴机制的存在，农户有动机更多地购置农业生产资料，以生产迂回化的方式来深化农业分工程度，提升农业劳动生产率，实现农业增产，这其中存在直接价格增量效应。另一种是购置农业生产资料，即使有补贴机制的存在，也会产生购置成本，当农户通过经济组织化的模式就能促进农业劳动生产率的提升时，其可能就因为存在的农业生产资料投资产生的成本负增量效应而放弃通过生产迂回化的方式来扩大农业生产，这里关键决定因素是劳动要素投入在农业生产过程中对农业生产的贡献程度。

（二）农户行为理论

农户行为理论起源于传统经济学理论对于农户经济行为分析的局限，传统经济学理论认为农户是农业生产的重要决策者，其行为选择直接影响农业生产的状况，自 20 世纪以来，农户行为受到国内外学者的持续关注，学者们尝试建立一个可分析农户生产、消费和劳动力供给等行为决策的理论模型，从而衍生出多个学派，主要有组织生产学派、理性小农学派、效用小农学派等。

1. 组织生产学派

20 世纪 20 年代，以恰亚诺夫为代表的组织生产学派摒弃古典经济学的理性人假设，认为以雇佣劳动和追求利润作为分析农户行为的出发点是不妥当的，转而采用人类学方法从农户心理状态切入分析其经济行为，其理论基础是劳动－消费均衡理论和家庭周期理论。组织生产学派认为农户为了满足家庭消费而从事生产，劳动可以增加收入从而满足家庭消费需求。农户生产的行为导向是生产风险最低而非利润最大。农户消费多少决定劳动投入多少，但长时间的单调劳动又会产生负效用，因此农户投入多少劳动是根据多劳动时的心理"辛苦程度"与家庭消费带来的"满足程度"的比较。当期家庭消费需求得到满足后，农户缺乏足够动力去扩大生产。这种理论片面强调小农一切行为的目的是生存，而忽视了市场以及社会因素等对农户行为的影响。

2. 理性小农学派

舒尔茨在《改造传统农业》中提出了理性小农理论。他认为农户从事生产的目标是追求利润最大化。尽管传统小农的农业生产活动投入－产出率不高，但是农户的生产要素配置行为是完全理性的，因此可以通过投入先进生产要素以达到改造传统农业的目标。波普金是该理论的另一位代表人物，其在《理性的小农》中继承和发展了舒尔茨的观点，他认为农户有使其自身期望利润最大化的能力，其会综合成本收益、风险程度等合理选择生产行为。

3. 效用小农学派

黄宗智分析乡村商品化、市场化下1949年以前的商品小农的行为与动机，认为小农具有三重身份，一是追求利润的个体，二是维持生计的劳动者，三是受到剥削的生产者。虽然小农会追求利润最大化，但由于自有耕地面积不足、家庭劳动力剩余过多、就业机会缺乏等因素，即便劳动投入的边际报酬处于较低水平，农户仍然会增加劳动供给从而使农业生产劳动投入"过密化"，多余的劳动力并不能被分离而是继续附着在小农和农业生产上，如同"拐杖"一般。

综合以上几种经典的农户行为理论，本书研究的稻作大户，是一个市场参与行为相对小农更多的群体，因此其对于市场价格的变动以及补贴金额的多少十分关注。结合本书的研究内容，分析稻作大户的农业生产决策行为，进而对农业补贴政策的效果进行评价。农户在进行农业生产决策的同时，主要是基于利润最大化的考虑，农业支持保护补贴属于脱钩补贴，某种程度上属于现金直接补贴，对促进农民增收、缓解资金约束具有一定的作用。特别是支持稻作大户生产的适度规模经营补贴，与主要农户的种植面积挂钩，但有上限要求。当农户耕种的面积越大时，所获得的适度规模经营补贴则越多，稻作大户基于理性人的考虑，会扩大要素投入。

（三）农业补贴理论

农业补贴作为政府促进农业发展和保护农民利益的主要政策调控工具，已经成为国家农业支持和保护政策的核心内容。农业补贴的相关研究很多，其中关于实施农业补贴的理论依据主要有以下几个。

农业具有天然的弱质性。农业是国民经济发展的基础，是人类生存之本。然而，农业生产依托很多的外界条件，面临自然不确定性以及市场不确定性的双重风险，同时也是自然再生产和经济再生产需要紧密结合的产业，与其他产业相比具有天然的弱质性。主要表现为如下方面，一方面，农业生产的对象是动植物，中国幅员辽阔，地域宽广，农业生产受自然资源禀赋条件和农业现代化水平的制约，具有地域差异性和生产的不确定性，因此同一个政策的调控效果在实施过程中比较复杂。另一方面，农作物的生长周期长、季节性强，本期的种植结构及农业生产受上一期价格的影响，但农户受经营规模以及资源禀赋差异的不同影响，在应对市场信息进而对农业生产进行调节的能力存在差异，不同规模的农户收益也存在较大差异。因此，农业生产具有其天然的弱质性，需要补贴的支持和保护，但是补贴的支持和保护应当因地制宜、因群体而异。

农业具有多功能性。在任何一个时代，农业均被认为是一种多功能的产业，它除了提供粮食和人类生存所需的农产品外，还具有保护自然环境、带动就业、维系社会稳定发展等功能。20世纪90年代，日本最先在其稻米文化中引入农业多功能性概念（multifunctionality of agriculture），20世纪90年代，欧盟提出了以农业多功能性为核心理论基础的"欧盟农业发展模式"，并在《2000年议程》中确定下来，之后被各国广泛接受。了解农业的多功能性有助于理解和认识新时期农业发展战略的内涵，确保农业的可持续发展。农业的多功能性已经成为众多国家支持和保护国内农业和农产品市场，同时对其进行适度补贴的重要依据。

因此，对农业进行补贴是世界各国支持农业、反哺农业的有效做法，因为粮食生产不仅是国民经济的发展基础，而且也具有稳定社会等多方面的功能。鼓励种粮农民投资以及保障其收益需要农业补贴政策工具的有效调控、释放正确的调控空间，这样才有利于长期刺激农户绿色生产以及种粮的积极性。因此，研究稻作大户对于当前补贴政策的认知以及补贴政策对其生产决策行为的影响，有利于进一步优化补贴政策的调控效果。

二 农业补贴类型与农户生产行为的经济学分析

尽管不同组织对农业补贴的分类各不相同,但是农业生产主要涉及劳动要素和资本要素(农机器具)的投入,而充分调动此两类要素投入农业生产中,是提高农业劳动生产率的关键。对此,可将农业补贴类型归类为农产品价格补贴和农户直接收入补贴,而调动资本要素积极参与农业生产,则需要通过农机购置补贴刺激农户增加农机购置以提高农业生产效率。所以,本章据此将农业补贴分为三类——农机购置补贴、农产品价格补贴、农户直接收入补贴,并以此构建模型分析各自对农业生产及农户生产行为产生的影响。

从农业补贴对农业生产和农户生产行为产生影响的经济学原理来看,是农业补贴可以对农户从事农业生产的积极性形成一种激励机制,促使农业生产向纵深分工和专业化的现代化农业大生产模式转变。农业生产分工深化是实现农业生产繁荣的必要条件,这要求个体农户和团体使用现代化农业生产机器来进行农业迂回化生产。其中,生产迂回化则体现为农户从事农业生产需要借助现代化农业生产资料(如现代化农业生产机械等)来进行迂回化生产以提升农业生产效率,小农式农业生产劳动方式的直接特征就是基本简单的徒手从事农业生产劳动(即使有用,也只是初级低端农业生产资料),而现代化大生产农业则是借助现代化生产技术或工具的高度生产迂回化的生产模式。农业补贴均是通过对农户产生直接或间接影响，促使农户以生产迂回化的方式深化农业分工，以此推动农业发展。

就三类农业补贴类型影响农业生产和农户生产行为的分解机制来看，主要如下。

农产品价格补贴对农业生产扩张具有正向激励机制。其一，农产品价格上升，改变农产品和其他非农产品的相对价格，农户可能更倾向于从事农业生产，因为更有利可图，这就产生价格替代效应；其二，农产品价格补贴直接与农产品产量挂钩，从事农业生产的农户若要获得更高收入，将理性选择扩大农业生产投资（更多购置农业生产机器）来提升劳动生产率，实现农业增产，故此类补贴能够同时产生价格增量效应。

农机购置补贴可能会产生两种相反的农户行为刺激效应。其一，因为有价格补贴机制的存在，农户有动机更多地购置农业生产机器，借助机器以生产迂回化的方式来深化农业分工程度，提升农业劳动生产率，实现农业增产，这存在价格增量效应；其二，购置农业生产机器，即使有补贴机制的存在，也会产生成本效应，农户可能就因存在的农业生产机器投资产生的成本负增量效应而放弃新购置，这类效应在农户收入较低时尤其明显。

农户直接收入补贴往往是以农户耕种面积或者从事农业劳动的人口数为基准，实行固定的收入比率补贴，其也会产生两种刚好相反的政策效果。其一，直接补贴能够直接激励农户从事农业生产，但这种收入增量效应作用比较有限，就目前而言，农户收到的直接补贴金额占农业生产投入比重太小,影响有限;其二,当农户收入增加到一定程度时,可能会更倾向于追求闲暇或娱乐享受,此时的农业财政收入直接补贴政策不仅不能起到促进农户增加农业生产的目的,而且还可能促使其向非农部门转移,此时因此类补贴的收入带来的负增量效应,农业生产必然受到抑制。

三 理论分析框架:补贴政策—农户决策行为—农业生产

(一)无补贴情况下农户从事农业生产的理论模型

本书在 Becker 构建的家庭效用函数及钟春平等研究的基础上,进一步假设某一个区域存在农业生产(用 a 表示)、非农生产(用 n 表示)两个部门,其中农业部门用劳动付出 l_a(以通常的劳动单位时间来衡量)、农业生产机器 s(诸如现代化农机器具等)来生产粮食,非农部门使用劳动付出 l_n 和现代化机器 m[①]来进行生产。假设农户的效用由消费和闲暇两部分构成,具体的效用函数如下所示。

$$\max_{l_a, l_n, s} U i = \ln C + \varphi \ln(T - l_a - l_n) \quad (2-1)$$

---

① 这里假定,非农业部门的现代化机器工具的使用外生,并进一步假定其 $m = 1$。

上述公式（2-1）中，取对数后的 C 表示农户 i 从非农业部门购买的消费品所带来的效用。T 表示单位农户 i 的总时间，l_a 表示从事农业生产劳动的时间供给，l_n 表示从事非农业劳动的时间供给，故 $T-l_a-l_n$ 表示农户的单位总时间中除去从事劳动（包括从事农业和非农业劳动）后的剩余时间，其可以带来满足或享受，$\varphi \geq 0$ 表示消费和闲暇的转换系数。

相应地，农户 i 从事农业劳动的生产函数为：

$$f_a = l_a^\partial s^{1-\partial} \qquad (2-2)$$

上述生产函数表明，农业生产函数由劳动总投入和生产机器总投入量 s 共同组合而成，其中 ∂（$0 < \partial \leq 1$）表示劳动投入在农业总产量中的贡献份额或者是要素产量弹性，而农户 i 从事非农业部门的生产函数为：

$$f_n = l_n^\beta m^{1-\beta} = l_n^\beta \qquad (2-3)$$

其中，β（$0 < \beta \leq 1$）为农户 i 从事非农业生产过程中劳动投入在非农业总产量中的贡献份额。此外，考虑到上述公式（2-2）和（2-3）代表的农户生产函数，农户 i 在上述一系列经济行为过程中，面临一定的预算约束，如下。

$$C \leq y, \quad y = p_1 l_a^\partial s^{1-\partial} + w l_n^\beta - p_2 s \qquad (2-4)$$

上式中，假设农户 i 没有借贷行为，其总消费量必不超过其总收入，而总收入的获得，是农户 i 将其劳动时间在农业和非农业部门进行理性分配的结果，同时还要去除掉进行农业生产资料投资的成本,这里假定农业生产过程中,劳动时间投入没有成本。因为非农业生产部门中的机器的使用已经外生给定,且非农生产部门中,机器等工具提供的责任主体是企业家等团体,故兼业农户并不直接负担非农生产成本,这里我们假定非农业部门的劳动投入对农户 i 也没有成本可言(劳动力两部门转移产生的成本忽略不计)。上述公式中,y 表示总收入,p_1 表示粮食等农产品的单位价格,p_2 表示农业生产机器的单位价格,而 w 表示非农劳动时间的工资率。同时,因为农户作为消费者,其消费所带来的效用边际递增,故 $C = y$ 恒成立。

因此,在预算公式(2-4)约束下,农户 i 为了实现效用最大化,我们可以求出农户 i 在两部门的最优劳动时间配置、最优农资生产机器投入使用量、最优产出及最大效用①,如下。

$$l_n = \left[\left(\frac{\beta}{\partial}\right)w\right]^{\mu}\left(\frac{1}{p_1}\right)^{\frac{\mu}{\partial}}(\theta p_2)^{\frac{\mu}{\theta\partial}} \tag{2-5}$$

$$l_a = \frac{T}{1-\varphi} - \frac{(\beta+\varphi)}{1-\varphi}\left(\frac{w}{\partial}\right)^{\mu}\beta^{\beta\mu}(\theta p_2)^{\frac{\mu}{\theta\partial}}\left(\frac{1}{p_1}\right)^{\frac{\mu}{\partial}} \tag{2-6}$$

$$s = \left(\frac{p_1}{\theta p_2}\right)^{\frac{1}{\partial}}\left[\frac{T}{1-\varphi} - \frac{(\beta+\varphi)}{1-\varphi}\left(\frac{w}{\partial}\right)^{\mu}\beta^{\mu\beta}(\theta p_2)^{\frac{\mu}{\theta\partial}}\left(\frac{1}{p_1}\right)^{\frac{\mu}{\partial}}\right] \tag{2-7}$$

$$f_a = \left(\frac{p_1}{\theta p_2}\right)^{\frac{1}{\partial\theta}}\left[\frac{T}{1-\varphi} - \frac{\beta+\varphi}{1-\varphi}\left(\frac{w}{\partial}\right)^{\mu}\beta^{\beta\mu}\left(\frac{\theta p_2}{p_1}\right)^{\frac{\mu}{\theta\partial}}\left(\frac{1}{p_1}\right)^{\mu}\right] \tag{2-8}$$

---

① 本书所有具体计算过程见附录部分;其中,设定 $\theta = 1/(1-\partial)$,$\mu = 1/(1-\beta)$,$0 \leq \theta, u \leq 1$。

$$f_n = l_n^\beta = \left(\frac{\beta w}{\partial p_1}\right)^{\beta\mu}\left(\frac{\theta p_2}{p_1}\right)^{\frac{\beta\mu}{\partial\theta}} \quad (2-9)$$

（二）不同类型农业补贴情况下农户从事农业生产的理论框架

政府对农业生产进行补贴的方式，归纳起来主要有三种：①当农户购置农机（比如农机器具等）进行农业生产时，政府实施农机购置补贴；②政府对农产品实行收购价格补贴，以保障农户生产积极性；③以农户耕种面积或者从事农业劳动的人口数为基准，实行固定的农户直接收入补贴。本书主要聚焦分析上述三种农业补贴类型对农户生产行为的影响。

1. 农机购置补贴影响农户生产行为

当实行农机购置价格补贴时，农户的生产成本降低，此时在效用函数（2-1）式既定的前提下，农户的预算约束变为如下公式。

$$C \leqslant y, \; y = p_1 l_a^\partial s^{1-\partial} + w l_n^\beta - p_2(1-\gamma)s \quad (2-10)$$

上述中，r（$0 \leqslant r \leqslant 1$）表示农机购置补贴比率，此时针对效用函数（2-1）式，我们可以求出农户 i 在两部门的最优劳动时间配置、最优产出及最大效用，如下。

$$l_n = \left[\left(\frac{\beta}{\partial}\right)w\right]^\mu \left(\frac{1}{p_1}\right)^{\frac{\mu}{\partial}}\left[\theta p_2(1-\gamma)\right]^{\frac{\mu}{\partial\theta}} \quad (2-11)$$

$$l_a = \frac{T}{1-\varphi} - \frac{(\beta+\varphi)}{1-\varphi}\left(\frac{w}{\partial}\right)^\mu \beta^{\beta\mu}\left[\theta p_2(1-\gamma)\right]^{\frac{\mu}{\partial\theta}}\left(\frac{1}{p_1}\right)^{\frac{\mu}{\partial}} \quad (2-12)$$

$$s = \left[\frac{p_1}{\theta p_2(1-\gamma)}\right]^{\frac{1}{\partial}} \left\{\frac{T}{1-\varphi} - \frac{(\beta+\varphi)}{1-\varphi}\left(\frac{w}{\partial}\right)^{\mu}\beta^{\mu\beta}\left[\theta p_2(1-\gamma)\right]^{\frac{\mu}{\partial\theta}}\left(\frac{1}{p_1}\right)^{\frac{\mu}{\partial}}\right\}$$
(2-13)

$$f_a = \left[\frac{p_1}{\theta p_2(1-\gamma)}\right]^{\frac{1}{\partial\theta}} \left\{\frac{T}{1-\varphi} - \frac{\beta+\varphi}{1-\varphi}\left(\frac{w}{\partial}\right)^{\mu}\beta^{\beta\mu}\left[\frac{\theta p_2(1-\gamma)}{p_1}\right]^{\frac{\mu}{\partial\theta}}\left(\frac{1}{p_1}\right)^{\mu}\right\}$$
(2-14)

$$f_n = l_n^{\beta} = \left(\frac{\beta w}{\partial p_1}\right)^{\beta\mu}\left[\frac{\theta p_2(1-\gamma)}{p_1}\right]^{\frac{\beta\mu}{\partial\theta}}$$ (2-15)

我们对农机购置补贴比率 γ 求一阶偏导，得到 $\partial l_n/\partial \gamma \leq 0$，$\partial l_a/\partial \gamma \geq 0$ 恒成立，这表明，农机购置补贴力度越大，农户从事农业生产的积极性越高，而转移至非农业生产部门从事生产劳动的积极性越小，这意味着对农户从事农业劳动的生产机器的价格补贴提高，有利于促进农户更加专业化从事农业生产劳动。

同时，当 $\gamma^* = 1 - T^{\frac{\partial\theta}{\mu}}\left[(\beta+\varphi)\left(1-\frac{\mu}{\theta}\right)\right]^{-\frac{\partial\theta}{\mu}}\left(\frac{w}{\partial}\right)^{-\partial\theta}\beta^{-\partial\theta\theta}(\theta p_2)^{-1}p_1^{\theta}$ 且 $\partial \leq \beta$ 时，$\partial s/\partial \gamma = 0$，$\partial^2 s/\partial \gamma^2 \leq 0$ 成立①。这表明当 $\partial \leq \beta$ 时，农户农机购置数量与农机购置补贴率呈现倒"U"形变化关系，表明随着农机购置补贴力度的持续加大，农户购置农业生产机器的数量呈现先扩大再缩小的变化趋势，这表明当农业部门劳

---

① $\partial \geq \beta$，表明农业部门劳动要素的产量贡献大于非农部门，这显然与我国的现实国情不符合，应该是高度发达的社会经济体，这里我们不做讨论，当然此贡献份额同样代表相应要素投入的专业化经济程度大小（庞春，2011）。

动要素的产量贡献小于城市非农部门时（这正是我国农村经济现代化发展初级阶段的显著特征），应该加大农机购置补贴力度，以此激发农户购置农机的积极性，从而提升农业劳动生产率。

这给我们的政策启示是：在农村经济现代化发展初级阶段，提高农户从事农业生产的积极性和发展农业生产，需要大幅加大农业生产机器的补贴力度。此时，农业部门劳动要素的产量贡献才会无限逼近于非农部门，城乡二元经济结构才会向城乡经济一体化结构转化。

由此，得到如下命题。

命题 1：在我国农村经济现代化发展初级阶段，应该加大农机购置补贴力度，这不仅有利于刺激农户更加专业化从事农业生产，降低农户非农部门兼业的积极性，而且能够激励农户更多购置农机器具，从而提升农业劳动生产率。

2. 价格补贴影响农户生产行为

当政府对农产品实行收购价格补贴时，在效用函数（2-1）式既定的前提下，农户的预算约束变为如下公式。

$$C \leqslant y, \ y = p_1(1+k)l_a^{\partial}s^{1-\partial} + wl_n^{\beta} - p_2 s \quad (2-16)$$

上述中，k（$0 \leqslant k \leqslant 1$）表示农产品价格补贴率，此时针对效用函数（2-1）式，农户 i 为了实现效用最大化，其最优劳动时间及生产资料在两部门的配置如下。

$$l_n = \left[\left(\frac{\beta}{\partial}\right)w\right]^{\mu}\left[\frac{1}{p_1(1+k)}\right]^{\frac{\mu}{\partial}}(\theta p_2)^{\frac{\mu}{\partial\theta}} \quad (2-17)$$

$$l_a = \frac{T}{1-\varphi} - \frac{(\beta+\varphi)}{1-\varphi}(\frac{w}{\partial})^{\mu}\beta^{\beta\mu}(\theta p_2)^{\frac{\mu}{\partial\theta}}[\frac{1}{p_1(1+k)}]^{\frac{\mu}{\partial}} \quad (2-18)$$

$$s = [\frac{p_1(1+k)}{\theta p_2}]^{\frac{1}{\partial}}\{\frac{T}{1-\varphi} - \frac{(\beta+\varphi)}{1-\varphi}(\frac{w}{\partial})^{\mu}\beta^{\mu\beta}(\theta p_2)^{\frac{\mu}{\partial\theta}}[\frac{1}{p_1(1+k)}]^{\frac{\mu}{\partial}}\}$$
$$(2-19)$$

$$f_a = [\frac{p_1(1+k)}{\theta p_2}]^{\frac{1}{\partial\theta}}\{\frac{T}{1-\varphi} - \frac{\beta+\varphi}{1-\varphi}(\frac{w}{\partial})^{\mu}\beta^{\beta\mu}[\frac{\theta p_2}{p_1(1+k)}]^{\frac{\mu}{\partial\theta}}[\frac{1}{p_1(1+k)}]^{\mu}\}$$
$$(2-20)$$

$$f_n = l_n^{\beta} = [\frac{\beta w}{\partial p_1(1+k)}]^{\beta\mu}[\frac{\theta p_2}{p_1(1+k)}]^{\frac{\beta\mu}{\partial\theta}} \quad (2-21)$$

上述公式中，我们对农户对劳动时间配置、农业生产资料购置的行为进行分析，当对农产品价格补贴率 k 求一阶偏导时，得到：$\partial l_n/\partial k \leq 0$，$\partial l_a/\partial k \geq 0$ 恒成立。

上述含义表明，当提高农产品价格补贴率时，农户会有增加从事农业生产并减少非农部门兼业的选择性倾向。

同时，可得 $\partial s/\partial k = 0$，$\partial^2 s/\partial k^2 \leq 0$ 成立。这表明，农机购买量与农产品收购价格补贴率（或使用量）呈倒"U"形变化关系，表明随着农产品收购价格补贴率的增加，农户购置农机扩大农业生产规模的动机是先不断增强后不断减弱的。这可以解释为：当农业生产发展初期，农户收入普遍较低时，农产品价格补贴带来的收入增量效应比较明显，农户需要购置农业生产资料以迂回化方式提高劳动生产率，进而扩大农业生产规模。但在农业劳动生产率大幅提升、农户经济状况改善后，当农产品价格补贴率提升并迈过一定的门槛值 k^* 时，继续增加农产品价格补贴并不能有效刺激农户农机购置的积极性，因为农户收入增加到一定程度后，收入带来的负增量效应促使农户更倾向于享受闲暇，或者说转移至非农部门就业或享受更好的公共基础服务等。同时，需要注意的是，农机购置的存量积累达到一定程度后，新的时期，其更新换代必然出现边际递减的趋势。

这对我们的政策启示是：农产品价格补贴率并非越高越好，而是要适度，不能越过补贴率的门槛值 k^*，因此，其一，调动农户从事农业生产的积极性，其二，能避免农户形成对政府农产品价格补贴的过分依赖。这一依赖的不利后果主要有两点：其一，个别种粮大户以不正常手段消极购买农资生产资料，以不正规方式骗取财政惠农补贴，但对新购置的农机并不真正或充分用于扩大农业生产规模，造成农业生产虚假繁荣；其二，长期依赖政府惠农补贴，我国农业大生产不能有效内生农业生产的国际化竞争力优势[1]。

命题2：当提高农产品价格补贴率时，农户会有增加从事农业生产并减少非农部门兼业的选择性倾向，但是农产品价格补贴率要适度，不能越过补贴率的门槛值 k^*，否则不利于农户增加投入来提升农业劳动生产率。

---

[1] 现实是很多农民转移至城市非农部门务工，却仍领取大量农业补贴，而农村大量土地丢荒；我国农业生产因长期依赖政府财政补贴而逐渐丧失国际竞争力，以至于政府不得不对农产品实行贸易保护政策。

3. 直接补贴影响农户生产行为

以农户耕种面积或者获得的农产品总产量为基准，实行固定的收入补贴时，农户的收入将提高，此时在效用函数（2-1）式既定的前提下，农户的预算约束变为如下公式。

$$C \leqslant y, y = (p_1 + \delta)l_a^{\partial} s^{1-\partial} + w l_n^{\beta} - p_2 s \qquad (2-22)$$

上述中，δ（$0 \leqslant \delta$）表示固定的收入补贴率，此时针对效用函数（2-1）式，农户 i 为了实现效用最大化，其最优劳动时间及生产资料在两部门的配置如下。

$$l_n = [(\frac{\beta}{\partial})w]^{\mu}(\frac{1}{p_1+\delta})^{\frac{\mu}{\partial\theta}}(\theta p_2)^{\frac{\mu}{\partial\theta}} \qquad (2-23)$$

$$l_a = \frac{T}{1-\varphi} - \frac{(\beta+\varphi)}{1-\varphi}(\frac{w}{\partial})^{\mu}\beta^{\beta\mu}(\theta p_2)^{\frac{\mu}{\partial\theta}}(\frac{1}{p_1+\delta})^{\frac{\mu}{\partial}} \qquad (2-24)$$

$$s = (\frac{p_1+\delta}{\theta p_2})^{\frac{1}{\partial}}[\frac{T}{1-\varphi} - \frac{(\beta+\varphi)}{1-\varphi}(\frac{w}{\partial})^{\mu}\beta^{\mu\beta}(\theta p_2)^{\frac{\mu}{\partial\theta}}(\frac{1}{p_1+\delta})^{\frac{\mu}{\partial}}] \qquad (2-25)$$

$$f_a = (\frac{p_1+\delta}{\theta p_2})^{\frac{1}{\partial\theta}}[\frac{T}{1-\varphi} - \frac{\beta+\varphi}{1-\varphi}(\frac{w}{\partial})^{\mu}\beta^{\beta\mu}(\frac{\theta p_2}{p_1+\delta})^{\frac{\mu}{\partial\theta}}(\frac{1}{p_1+\delta})^{\mu}] \qquad (2-26)$$

$$f_n = l_n^{\beta} = [\frac{\beta w}{\partial(p_1+\delta)}]^{\beta\mu}(\frac{\theta p_2}{p_1+\delta})^{\frac{\beta\mu}{\partial\theta}} \qquad (2-27)$$

当政府以农户耕种面积或者从事农产品总产量为基准，实行固定的收入补贴时，我们对固定收入补贴率 δ 一阶求偏导，分析农户对劳动时间配置、农业生产资料购置的行为，可得到 $\partial l_n / \partial \delta$

$\leqslant 0$，$\partial l_a/\partial \delta \geqslant 0$。这表明，政府对农民进行直接的收入性补贴的效果，和对农产品的价格补贴的效果基本一致，都有利于提升农户从事农业生产的积极性，降低农户非农部门兼业的可能性。

当满足 $\delta^* = T^{\frac{\partial}{\mu}}(w/\partial)^\partial \beta^\beta(\theta p_2)^{\frac{1}{\theta}}[(\beta+\phi)(1-\mu)]^{\frac{\partial}{\mu}} - p_1$，$\delta^* > 0$ 条件时，$\partial s/\partial \delta = 0$，$\partial^2 s/\partial \delta^2 \leqslant 0$ 成立。这表明，农机购买量与农户收入补贴率呈倒"U"形变化关系，表明随着农户收入补贴率的增加，农户购置农机扩大农业生产规模的动机是先不断强烈后不断减弱的。二者倒"U"形变化关系的经济学含义和农产品价格补贴变化导致的农机购置变化情况的解释类同。

命题 3：政府对农户从事农业生产进行收入补贴，其补贴率的提高也刺激农户更加专业化从事农业生产而减少到非农部门兼业的可能，但是农户收入补贴率要适度，不能越过补贴率的门槛值 δ^*，否则不利于农户增加投入来提升农业劳动生产率。

上述理论模型，重点分析了不同补贴类型下农户生产和农机购置行为的最优化选择，接下来探讨农业补贴政策类型对农户劳动产量的影响。

四 农业补贴政策的产量效应对比分析

我们将没有农业补贴、有农机购置补贴、农产品价格补贴及农户收入直补时的农业部门和非农业部门的产品总产量分别定义为 f_{a1}，f_{a2}，f_{a3}，f_{a4}，f_{n1}，f_{n2}，f_{n3}，f_{n4}，此时三种类型补贴的农业部门和非农业部门的产量效应可以定义为：$f_{a2} - f_{a1}$，$f_{a3} - f_{a1}$，$f_{a4} - f_{a1}$，

此时计算并可证明 $f_{a2} - f_{a1} \geq 0$，$f_{a3} - f_{a1} \geq 0$，$f_{a4} - f_{a1} \geq 0$ 成立，这表明，不管政府实行何种农业补贴，都总能刺激农户从事农业生产的积极性，推动农业生产增产，这与上述命题结论遥相呼应。

同时，可计算并证明 $f_{n2} - f_{n1} \leq 0$，$f_{n4} - f_{n1} \leq 0$ 成立，结合 $f_{a3} - f_{a1} \geq 0$，$f_{a4} - f_{a1} \geq 0$，这表明，实行农机购置补贴及农户收入补贴虽然能刺激农户从事农业生产的积极性，推动农业生产增产，但是并不利于非农部门的繁荣发展。

此外，当满足 $0 \leq \partial \leq 0.5$ 条件时，意味着，农业生产活动中，相对于劳动要素的产量贡献，农业生产机器的产量贡献份额更大，此时可计算并证明 $f_{n3} - f_{n1} \geq 0$ 成立，结合 $f_{a3} - f_{a1} \geq 0$，这表明实行农产品价格补贴不仅能促进农业增产，而且也能繁荣非农部门生产。因为，机器在农业现代化大生产中的贡献更大，农业生产规模借助农机购置而扩张的可能性也就更大，此时实行农产品价格补贴，将对农户扩张农业生产的激励效应更大。同时，非农部门的农机生产部门因农业部门农机需求的旺盛而进一步发展繁荣，以此，达到城乡农业部门和非农部门双向繁荣的目的。

命题4：不管政府实行何种农业补贴，都总能刺激农户从事农业生产的积极性，推动农业生产增产；实行农机购置补贴及农户收入补贴虽然能推动农业生产增产，但并不利于非农部门的繁荣发展，而只有在农业生产活动中，只有在农业生产机器的产量贡献大于劳动要素时，实行农产品价格补贴才能实现城乡农业部门和非农部门双赢。

我们进一步分析三种农业支持性保护补贴类型对农业生产部门产量增加效应的大小，如下所示。

当 $\gamma/(1-\gamma) < k \leq k^*$ 时，可知 $(f_{a3}-f_{a1})/(f_{a2}-f_{a1}) > 1$ 成立，且因为 $(p_1+\delta)^{1/(\partial\theta)} < (p_1+kp_1)^{1/(\partial\theta)}$ 和 $(p_1+kp_1)^{(1-\mu-\partial\theta\mu)/\partial\theta} < (p_1+\delta)^{(1-\mu-\partial\theta\mu)/\partial\theta}$ 恒成立，可知 $(f_{a4}-f_{a1}) < (f_{a2}-f_{a1})$ 也成立。这表明，当满足条件 $\gamma/(1-\gamma) < k \leq 1$ ①时，$(f_{a3}-f_{a1}) > (f_{a2}-f_{a1}) > (f_{a4}-f_{a1})$ 成立，表明由政府对农产品进行价格补贴带来的农产品生产增量效应最大，其次是农机购置补贴，最后才是农户直接收入补贴的产量增量效应。对此，我们的解释是：其一，农产品价格补贴与农户粮食产量直接挂钩，具有刺激农户从事农业生产并扩大农业生产规模的直接效应，农产品价格越高，农户越倾向于多种植粮食，并通过现代化农业生产方式来提升农业生产产量，最终通过高于市场收购价的农产品补贴价格获得更大收益；其二，农机购置补贴，具有刺激农户扩大农业生产规模的间接效应，因为即使存在农机购置补贴，农户也需要付出购置或者投资成本，同时还要面对使用农业生产机器进行农业生产过程中的各种不确定性和风险，所以这种间接增产效应低于农产品价格补贴的增产效应；其三，实行农户直接收入补贴，这种补贴虽然与农户土地种植规模或劳动要素投入数量挂钩，在一定程度上刺激了农业生产扩张，但是正如钟

---

① 潜在的农资补贴率的取值范围是 $0 \leq \gamma \leq 1/2$，这与现实国情相符。

春平等所描述的收入效应那样,当农户收入跨过一定门槛值后,他们更倾向于追求闲暇而转向非农业生产部门,而且我们认为,这种农户直接收入补贴可能加重农户对政府农业支持性保护补贴的依赖程度,最终不利于在经济全球化背景下内生农业生产的国际竞争优势。

命题5:当农资价格补贴率 γ 和农产品价格补贴率 k 满足条件 $\gamma/(1-\gamma) < k \leq k^*$ 时,$(f_{a3} - f_{a1}) > (f_{a2} - f_{a1}) > (f_{a4} - f_{a1})$ 成立,表明农产品价格补贴带来的农业增量效应最大,其次是农机购置补贴,最后才是农户直接收入补贴。

上述命题给我们的政策启示:在促进农业向现代化大生产方式转变过程中,应该是优先推行农产品价格补贴制度改革,其次是农机购置补贴,最后是农户收入的直接补贴政策。当然,农产品价格补贴率 k 要低于门槛值 k^*,并维持在一定范围内,否则过犹不及。

五 本章小结

本书在已有研究的基础上,进一步将不同类型的农业补贴纳入一个统一的理论分析框架,发现三类农业补贴对农户生产和农机购置行为、农户非农就业选择及农业增产等方面具有不同的影响,并同时从理论上论证并分析了三种农业补贴的政策效应大小,最终得出上述五个理论命题。上述理论命题,对我国农户投资、政府补贴及农业生产方面具有现实指导意义。对此,围绕上述理论命题，本书具有如下政策含义。

（1）在农业经济现代化发展初级阶段，提高农户从事农业生产的积极性和发展农业生产，需要大幅加大农业生产机器的补贴力度。此时，农业部门劳动要素的产量贡献才会无限逼近非农部门，城乡二元经济结构才会向城乡经济一体化结构转化。

（2）农产品价格和收入补贴率并非越高越好，而是要适度，不能越过补贴率的门槛值，因此，其一，调动农户从事农业生产的积极性，其二，能避免农户形成对政府农产品价格补贴和直接收入补贴的过分依赖。

（3）在农业现代化生产转化过程中，要坚定地实行农机购置补贴，提升农业现代化生产机器在粮食产量中的贡献，要让农业现代化生产机器真正全方位地武装农业生产的各个环节，此时实行农产品价格补贴才能实现城乡农业部门和非农部门双赢。

（4）在促进农业向现代化大生产方式转变过程中，应该是优先推行农产品价格补贴制度改革，其次是农机购置补贴，最后是农户收入的直接补贴政策。当然，农产品价格补贴率要低于门槛值，并维持在一定范围内，否则过犹不及。

第三章
粮食补贴政策的演进及实施现状

农业补贴政策是政府确保国家粮食安全的主要政策调控工具,随着工农关系的转变以及农户分化,农业补贴政策制定的目标和方向有所转变。如果要深入研究现行农业补贴政策对农户行为的影响,还需要将农业补贴政策演进历程、取得的成绩及现在存在的问题做进一步分析。因此,本章主要梳理农业补贴政策实施的过程、取得的成效以及存在的问题,以及湖南省在农业补贴政策实施中面临的挑战。

一 粮食补贴的特征

在我国,粮食补贴政策工具的选择始终是伴随着经济社会体制变化而变化的。在不同历史背景下,粮食补贴政策工具选择由单一逐步走向综合,由生产环节逐步扩展到流通、仓储等环节。具体来说,粮食补贴具有以下特征。

第一，粮食价格市场化改革仍是补贴制度改革的核心举措。自2008年起，国家连续提高水稻最低收购价，对种粮农民形成了正向激励，粮食产量不断增加。湖南省作为水稻种植大省，以早籼稻、中籼稻和晚籼稻种植为主，其中国标三等的最低收购价由2007年的1.40元、1.44元和1.50元分别提高到2018年的2.60元、2.72元、3.00元，早籼稻增长了85.7%，中籼稻增长了88.8%，晚籼稻增长了1倍。实践证明，最低收购价的提高保护了农民的种粮积极性，有效地促进了粮食生产的稳定发展。但是近年来，为了应对国内国际市场粮价倒挂的局面，我国逐步尝试价补分离的措施以实现粮食价格的市场化，从2016年开始，水稻最低收购价出现持续小幅度下调，这对种粮大户的生产行为会产生一定的影响（见图3.1）。

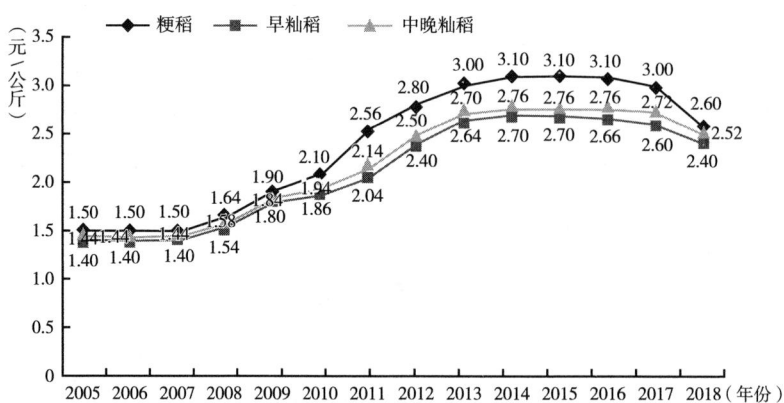

图3.1 稻谷最低收购价的变化

注：最低收购价的等级标准选用国家质量标准三等品，每等级之间差价为0.04元/公斤。

资料来源：国家粮食和物资储备局官网。

第二，补贴的强度、范围大幅扩大。自粮食直补实施以来，我国粮食播种面积大幅增加，从2004年的10160.6万公顷增加到2017年的11222万公顷。作为直接补贴，由最开始的发放物资演变统一为现金发放到农户手上，补贴的金额也从2002年的1亿元、2004年的145.2亿元，快速增长到2014年的1784亿元（见表3.1），随着直接补贴金额的增加、范围的扩大，补贴强度持续加大。2016年实施"三项补贴"改革后合并为农业支持保护补贴，国家加大对适度规模经营主体的补贴力度。

表3.1 2004~2014年中国农业四项补贴支出

单位：亿元

年份	2002	2003	2004	2005	2006	2007	2008
粮食直补	无	无	116.00	132.00	142.00	151.00	151.00
农资综合补贴	无	无	无	无	120.00	276.00	716.00
良种补贴	1.00	3.00	28.50	37.52	40.2	66.60	120.70
农机具购置补贴	无	无	0.70	3.00	6.00	20.00	40.00
合计	1.00	3.00	145.2	172.52	308.20	513.60	1027.70

年份	2009	2010	2011	2012	2013	2014
粮食直补	151.00	151.00	151.00	151.00	206.17	272.07
农资综合补贴	795.00	705.90	860.00	1078.00	1077.15	1077.15
良种补贴	198.50	204.00	220.00	224.00	208.63	207.23
农机具购置补贴	130.00	165.00	175.00	200.00	208.60	227.55
合计	1274.50	1225.90	1406.00	1653.00	1700.55	1784.00

资料来源：根据财政部文件整理。

综上可知,从 2004 年开始,国家先后设立农作物良种补贴、农资综合补贴和粮食直补"三项补贴",补贴政策实施以来,对降低粮食生产成本、调动农民种粮积极性、促进粮食生产稳定、增加农民收入发挥了重要的作用。但是,随着农业形势的变化、土地规模经营面积的扩大,逐步出现农业补贴脱离种粮对象,补贴精准度变弱,补贴效益递减,补贴发放成本高等问题不断显现,亟须对当前的补贴政策进行调整,使其适应当前农业生产经营形势。

二 中国粮食补贴政策的演进

关于农业补贴政策改革所经历的阶段,不同学者有不同的分类标准,程国强(2011)根据工农关系的演变将农业补贴改革分为三个阶段,吴连翠(2011)则根据补贴对象是消费者还是生产者将补贴改革分为四个阶段,高鸣(2017)则依据农户是否收到补贴金额的时间节点,将粮食补贴分为间接补贴和直接补贴两个阶段,具体如表 3.2 所示。

表 3.2 相关学者研究结论

作者	阶段划分	主要阶段划分
程国强(2011)	三阶段	1953~1989 年农业支持工业阶段 1990~2000 年农业取予平衡阶段 2001~2011 年农业政策全面转型阶段

续表

作者	阶段划分	主要阶段划分
吴连翠（2011）	四阶段	1978~1990年粮食消费者补贴阶段 1991~1993年粮价全面放开阶段 1994~2003年粮食流通环节补贴为主阶段 2004年至今粮食生产者补贴阶段
高鸣（2017）	两阶段	1978~2001年粮食间接补贴阶段 2002年至今粮食直接补贴阶段

注：作者根据相关文献整理。

本书基于以上研究，重新梳理了新中国成立以来粮食补贴演进的路径，结合以上学者的分段标准，以重大历史事件作为分阶段节点，根据农民是否获得补贴，补贴体系是否完善，将粮食补贴的改革分为以下四个阶段。

1. 无粮食补贴阶段：攫取农业剩余支持工业发展（1949~1978年）

新中国成立初期，中国实行优先发展重工业的工业化战略，但当时由于西方国家在政治及经济方面的封锁，中国实行进口替代的工业化战略不得不依靠国内的资金积累。而此时中国的工商业遭到严重破坏，发展较弱，因此，工业原始化积累只能依赖农业的发展。

1953年，为了适应工业化建设和保障城镇居民粮食供应的需求，我国对粮食等主要农产品实行统购统销政策。通过实施这一政策，国家低价向城市居民和工业部门供应粮食，保证了工业企业的低工资和低原料成本，形成超额利润，据估计，仅1954

~1978年,国家通过不等价交换获得的农业剩余达5100亿元(宋洪远,2000)。同时,1950~1956年,中国按照农业人口平均年收入水平,对农业进行课征赋税。1958年,中国制定了《农业税条例》,实行比例税率(税率为10%~15%)。因此,在这一阶段,中国农业发展不仅处于一种无补贴状态,而且需要为中国工业化发展提供原始积累。

2. 弱粮食补贴阶段:补贴粮食流通环节阶段(1978~2003年)

改革开放以来,中国正式步入"工业反哺农业、城市辅助农村"阶段,粮食补贴制度也随着经济实力的提升有所调整。这一时期农业补贴有以下特征。

1978年开始的以市场化改革为导向的农村改革成为中国农业发展的历史转折点,在这一阶段主要经历了统购统销阶段—粮价双轨制阶段—粮食流通体制大变革阶段。当时农业发展长期停滞,粮食供给总量短缺,为了调动农民生产的积极性,从1979年到1980年,国家连续提高统购价格。此时,粮食产量逐步提升,但粮食价格长期保持购销倒挂,国家财政负担沉重。因此,粮食价格双轨制改革开始实施。

1985年,国家开始取消粮食统购,改为合同订购,订购以外的粮食可以自由上市。国家建立了粮食价格"双轨制",实行"三挂钩"的粮食生产性补贴政策。1990年,粮食订购制度取代粮食合同订购制度,我国建立了"收购余粮、稳定生产、丰歉调剂、稳定市场"的粮食专项储备制度。此阶段,粮食补贴主要是针对粮食购销企业的经营费用和购销差价。

1993年,国家取消统购统销制度,实行保量放价政策(保留定购数量,收购价格随行就市),粮食价格开始由市场供求决定。但当时,粮食生产依然不足,粮食价格全年上涨,出现了"卖粮难"和"买粮贵"的局面,1995年,我国实行粮食省长负责制,提出了"米袋子"省长负责制,粮食生产连续丰收。

1997年,粮食连续丰收,市场价格持续下跌,国有粮食企业购销价格倒挂,亏损严重,对此,国家为了保障农民种粮积极性,实行按保护价收购农民余粮,造成了极大的财政负担。为此,粮食购销政策改革迫在眉睫。1998年,国务院颁布了《粮食收购条例》,建立以粮食风险基金为主要形式的补贴,主要是补贴粮食企业等流通环节。同期,农业税从1991年的90.7亿元增加至2001年的481.7亿元,2000年农民纳税总额为1259.6亿元,人均纳税45.3元,在这一阶段,尽管国家仍然对农业征税,但是财政支农资金也在不断增加。相比之前,农民的支持保护程度得到缓慢提升。

2000年,国务院调整了粮食保护收购的范围,并缩小了粮食补贴范围,规定长江以南的玉米退出保护价收购范围。2001年,国务院下发了《关于进一步深化粮食流通体制改革的意见》,提出"放开主销区、保护主产区、省长负责、加强调控"的粮食流通制度。以上政策提高了农民种粮的积极性,但同时我国面临"两难局面"(产量虽然提升了,但种植结构不合理,市场价格持续低迷,财政负担沉重等问题)。

3. 政策体系初步形成阶段：扶持小农发展（2004~2016年）

进入21世纪以后，中国农业发展进入一个新的阶段，基于WTO关于农业贸易的限制以及发达国家农业补贴政策的调整，中国对农业补贴进行了一系列的改革。

2002年，国家为了提高补贴的效能，于当年9月启动了粮食补贴方式的改革试点，选取安徽省和吉林省进行粮食直接补贴试点。

2004年，在全国范围内实施粮食生产直接补贴政策，国家全面放开粮食市场，自由收购的同时推行粮食直接补贴。由此，粮食生产者开始收到粮食直接补贴。补贴从原来的流通环节转向种粮农民，补贴的内容主要是对种粮农民直接补贴、良种补贴、农机购置补贴，同年，在粮食主产区启动了粮食最低收购价政策。

2006年，取消农业税，新增农资综合直接补贴，为此，我国初步形成了农民直接补贴、专项生产补贴以及最低收购价政策相结合的粮食补贴政策体系。

2008年，解决部分农产品价格下跌和"卖难"问题，对部分重要商品及服务实行临时价格干预措施，同时启动了稻谷、玉米的临时收储政策。以上政策性文件对于保障粮食安全起到了阶段性的重要作用。全国农业补贴的金额由2004年的145亿元增长到2014年的1535亿元，粮食生产出现了"十四连增"的局面。伴随农业机械化水平的提升及农业基础设施的完善，土地流转经营规模在这一阶段不断扩大。此阶段的补贴政策只针对有承包权的农户,但是真正种粮的新型农业经营主体却得不到支持。为此,新一轮的粮食补贴政策改革正在酝酿。

4. 政策体系改革深化阶段:支持适度规模经营(2013年至今)

2013年,为了促进粮食规模化生产和粮食生产方式的转变,财政部从农资综合补贴中安排6亿元资金,下拨给黑龙江、辽宁、山东、安徽、江西5个粮食主产省,用于5省进行"种粮大户补贴"试点工作,2015年,国家对农业补贴进行新一轮的改革,粮食补贴政策的精准性进一步提高。2016年,农业部和财政部颁发了《关于全面推开农业"三项补贴"改革工作的通知》,将实施了16年的农业"三项补贴"政策调整为"农业支持保护补贴",政策目标调整为耕地地力保护和支持适度规模经营。至此,粮食补贴向适度规模经营主体倾斜。粮食安全面临国内外粮食价格倒挂,从而引发了库存压力大、财政负担加重的局面,我国启用了粮食价格补贴制度改革。

2014~2016年我国对粮食(大豆、小麦、玉米、稻谷等)价格支持机制进行了一系列改革:如2014年中央率先对棉花和大豆收储价格机制改革试点,2016年将大豆调整为"市场化收购"加"补贴"的机制。2016年,我国在东北实施玉米生产者补贴,开启了粮食品种的价补分离,同时对玉米取消了实施8年的临时收储政策,调整为"市场化收购"加"补贴"的新机制。针对口粮品种,2016年国家首次下调稻谷最低收购价,这是实施稻谷最低收购价14年来首次下调。随着市场化的推进及粮食供求结构的变化，2017年11月10日《国家发展改革委关于全面深化价格机制改革的意见》正式发布，要继续完善稻谷和小麦最低收购价政策。

三 现行粮食补贴政策体系构成

中国总体上已经步入以工促农、以城带乡的发展阶段，实施乡村振兴战略，不断加大对农业农村的支持保护力度是今后一段时间的工作重点。但中国仍处于工业化中期阶段，2017年人均GDP刚过9000美元，世界排名第70。国家财力始终有限，尽管目前对价格补贴政策的褒贬不一，但用直接补贴完全替代价格补贴的时机仍未成熟。

按照农业农村部和财政部发布的2018年财政强农惠农政策分类，当前我国主要农业支持政策包括农民直接补贴（包括耕地地力保护补贴、农机具购置补贴、生产者补贴、棉花目标价格补贴等）、支持新型农业经营主体发展、支持农业结构调整、支持农业产业融合发展、支持绿色高效技术推广服务、农业资源生态保护和面源污染防治、支持农业防灾救灾（包括农业生产救灾、动物疫病防控、农业保险保费补贴）、大县奖励政策，共计8大类37个项目。

当前我国农业支持政策体系（以2018年为例）如表3.3所示。

表 3.3 我国农业支持政策体系（以 2018 年为例）

OECD政策类别	项目内涵	WTO 政策类别
市场价格支持:A1	最低收购价政策	"黄箱"-特定产品支持
挂钩补贴——基于投入品:B	农机具购置补贴	"黄箱"-非特定产品支持
	农业保险保费补贴	"绿箱"
	玉米/大豆/稻谷生产者补贴	"黄箱"-特定产品支持
挂钩补贴——基于当期产量:C	农业生产救灾	"绿箱"
	棉花目标价格补贴	"黄箱"-特定产品支持
脱钩补贴——基于往期生产:E	耕地地力保护补贴	"绿箱"
	支持新型农业经营主体类:新型职业农民培育、农民合作社和家庭农场建设、农业生产社会化服务、农业信贷担保体系建设等	"绿箱"
	农业结构调整类:耕地轮作休耕制度试点、粮改饲、高产优质苜蓿示范基地建设、优势特色主导产业发展	"绿箱"
	农业产业融合发展类:现代农业产业园建设、农村一二三产融合发展	"绿箱"
一般服务与支持:GSSE	绿色高效技术推广服务类:绿色高产高效创建、基层农技推广体系改革与建设、农机深松整地、土地确权登记等	"绿箱"
	农业资源生态保护和面源污染防治类:耕地保护与质量提升、东北黑土地保护与利用、农作物秸秆综合利用试点、重金属污染耕地综合治理等	"绿箱"
	产粮(油)大县奖励、生猪(牛羊)调出大县奖励	"绿箱"

资料来源：农业农村部和财政部公开的 2018 年强农惠农政策。

根据新时期粮食安全战略的要求，中央政府先后出台了一系列宏观调控政策来鼓励种粮农民。同时对粮食补贴政策体系进行深化改革，2016年，将"三项补贴"合并为农业支持保护补贴，与此同时，给予新型农业经营主体多种形式的支持。

最低收购价政策的改革也在持续深化。重点引导农民调整种植结构，保障粮食市场供求平衡，是政府粮食宏观调控的主要政策工具。当粮食市场价格低于最低收购价时，则在粮食主产区按照公布的最低收购价收购农民的粮食，为了缓解国内外粮食价格倒挂，缓解高库存压力，短期内连续三年调减水稻最低收购价，促进农户种植结构调整，实现国际国内市场平衡。

因此，初步形成了以农业支持保护补贴为基础的直接补贴和以最低收购价为核心的价格补贴的综合粮食安全补贴政策体系（见图3.2）。

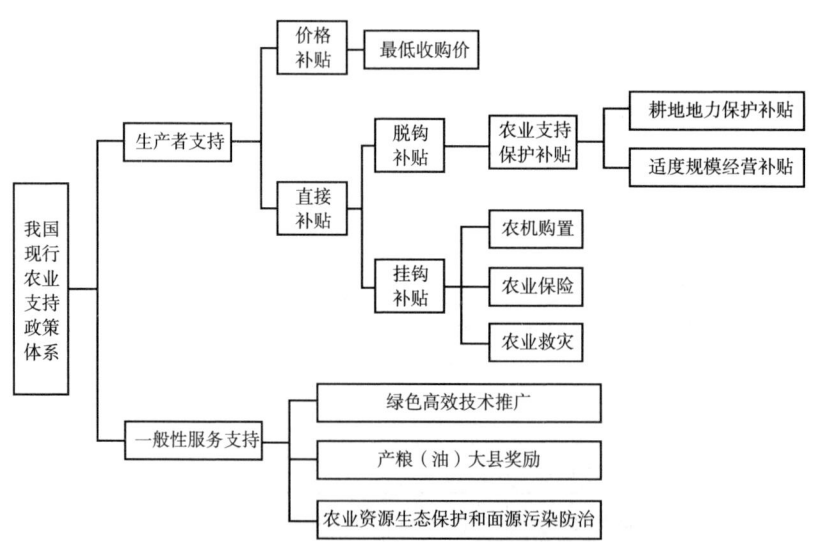

图3.2 我国现行粮食补贴政策框架体系

四 粮食补贴政策实施现状

因本书主要以湖南省稻作大户为研究对象，因此，重点解析湖南省粮食补贴的实施现状。2015年9月起湖南省在全省范围内推行农业"三项补贴"改革试点。作为全国农业"三项补贴"改革首批试点省份，湖南结合本省实际，将农业"三项补贴"合并为农业支持保护补贴，用于耕地地力保护和支持粮食生产适度规模经营两个方面。

1. 湖南省粮食补贴政策的实施现状及空间分布特征

根据试点改革有关规定，耕地地力保护补贴为一季农作物每亩每年补助105元，双季稻每亩每年补助175元；粮食生产适度规模经营补贴对象主要为粮食作物适度规模生产经营者，重点向种粮大户、家庭农场、种粮农民合作社、粮食生产社会化服务组织等农业生产新型经营主体倾斜。

在耕地地力保护补助面积核定上，湖南采取了耕地实际上报面积与航拍技术相结合的创新手段，严格核实增量面积。通过上报数据与航拍数据比对，对10%以内的误差予以认可，超过10%的一律不予认可，严格按照航拍数据执行。

第一，补贴对象。为全省范围内所有拥有耕地承包权的种地农民。享受补贴的农民要做到耕地不撂荒、地力不降低。对已作为畜牧水产养殖场使用的耕地、林地、成片粮田转为设施农业用地、非农业征（占）用耕地等已改变用途的耕地，以及长年抛荒地、占补平衡中"补"的面积和质量达不到耕种条件的耕地不再给予补贴。

第二，补贴标准。在国家改变补贴资金发放依据之前，根据省定发放依据和标准，计税面积内种植一季稻耕地地力保护补贴标准为每年每亩 105 元、种植双季稻耕地地力保护补贴标准为每年每亩 175 元。2018 年实施种植结构调整的区域补贴标准以 2016 年实际核实面积（即 2017 年实际发放情况）为依据。

第三，发放方式。耕地地力保护补贴资金由财政部门通过"一卡通"的方式直接发放到农户，这当中重要的一个环节就是农户耕种面积及种植品种的登记，只要登记准确，资金的发放不会存在错误，因此关键在于核算而不在于发放环节。

第四，资金安排。资金会统一部署，每年秋收后，大概 11 月底前，辖区内乡镇（街道）应向上级部门报送上年度计税面积内的实际种植面积以及双季稻种植面积数据，由市财政局和市农委汇总，最终由省财政厅和省农委审核，最终测算指导当年耕地地力保护补贴资金，而适度规模经营补贴则由地方政府自行组织发放。

第五，面积核定及发放程序。一是实地调查。由乡镇（街道）组织干部逐户逐丘核实农作物实际种植和耕地占用情况，填写调查表格。二是汇总公示。由乡镇（街道）组织对摸底情况进行汇总，分村、组进行公示，接受群众监督，公示期不少于 7 天。三是数据上报。由乡镇（街道）汇总初审各行政村（社区）基础数据报送市农业局、市财政局（每年必须在 9 月 30 日前报送完毕）。四是数据审核。农业局和财政局负责对各乡镇上报的数据进行认真审核，审核内容包括农户的补贴面积、补贴标准、补贴金额等,确保公示内容与实际补贴发放情况一致。五是补贴发放。农业局根据审核的数据进行输机,确保准确无误后,办理相关资金拨付手续,通过"一卡通"发放至农户手中。

2. 湖南省稻作大户的空间分布特征

根据湖南省 2017 年统计年鉴,湖南省 14 个市州 2017 年末耕地面积为 415.10 万公顷,其中常德市耕地面积占比最大,为 50.59 万公顷,占全省耕地面积的 12%。根据农业厅 2017 年所统计的数据,湖南省内稻作大户数量为 20.4681 万户。

湖南省内对于适度规模经营的补贴标准存在较大差异,湖南省内排名第一的产粮大县——宁乡县补贴标准是 30 亩以上规模种植大户均可获得适度规模经营补贴,不区分单双季,按照统一标准发放,但是设置补贴上限为单个主体补贴资金不超过 20 万元。而桃源县则是区分单季稻和双季稻,对单季稻的稻作大户给予 41 元/亩的补贴,对双季稻稻作大户给予 82 元/亩的补贴。津市市给予稻作大户的补贴资金为 30 元/亩。由此可见,补贴金额在区域之间存在较大差异。

五 现行粮食补贴政策存在的问题

粮食补贴政策对于提高农民种粮的积极性、保障国家粮食安全有着重要的作用,但在政策的实施过程中,也存在一些不完善的地方,主要归纳为以下几点。

1. 补贴对象缺乏差异化激励

现行的农业支持保护补贴政策基本以耕地面积为准,拥有承包权的种粮农民可以收到耕地地力保护补贴，而拥有经营权的农户在规模达到一定数量时可以获得适度规模经营补贴。农业支持保护补贴由以前的良种补贴、农资综合补贴和粮食直补合并，实现了由"黄箱"转向"绿箱"，虽然一定程度上规避了 WTO 关于扭曲性国内支持政策的规定，对于小户而言，几乎影响不大，但是对于规模农户而言，则是从无到有的一个过程。针对稻作大户的适度规模经营补贴设计的初衷是更好地支持适度规模经营主体，但是这一补贴暂时没有考虑这类群体的特征差异。随着土地确权以及农地流转速度的加快，稻作大户对于粮食生产的投入和预期目标存在很大的差异。因此如何保障粮食补贴对不同规模的稻作大户具有正向激励作用，需要考虑不同规模农户对于补贴的反应程度，进而制定更加合理的差异化补贴激励机制，增强现有粮食补贴政策的效果。

2. 补贴金额缺乏区域协调

粮食补贴的制定由地方政府结合自身的财力和实际情况而定，补贴资金发放遵循属地化管理原则。这样有可能导致稻作大户数量多的粮食生产县出现"僧多粥少"的局面。而经济富裕的非产粮大县给予稻作大户的补贴资金会高于经济欠发达的产粮大县，结合调研的实际情况来看，粮食产量排名第一的宁乡县，其适度规模经营补贴的金额略低于长株潭等地的补贴金额。这在某种程度上反映了产粮大县和非产粮大县在补贴资金上存在区域协调化欠佳的现象，需要粮食补贴在统筹资金的时候充分考虑到产粮大县和非产粮大县的利益机制。

3. 补贴政策执行成本高

粮食补贴政策的落实涉及多个部门，由农业部门统计和核对村委提交的数据，由财政部门监督资金的发放，各部门之间缺少必要的信息沟通平台，虽然补贴的登记和发放有严格的公示程序，但是农户的种植面积受多方面因素影响，粮食补贴政策的核算登记需要耗费大量的人力、物力，特别是对于不同品种的核算十分繁杂，要在规定的时间内统计准确具有很大挑战。一旦登记有误，直接导致农户所收到的补贴资金不准确，基层干部面临追责等风险。粮食补贴发放的程序之多、周期之长、难度之大均会对补贴政策的实施效果造成影响。因此，如何在保障粮食补贴公平的前提下简化补贴发放手续，降低政策执行成本，是今后农业支持保护补贴政策体系改革的重点。

4. 价格支持政策不适应发展变化的新形势

实施多年的粮食最低收购价政策和临时收储政策对增加农民收入、保障农民种粮积极性均产生了积极的影响，为我国粮食安全提供了坚实的政策保障。但是近年来粮食生产成本的不断攀升，导致国内外粮价倒挂，进而导致粮食进口不断加大，而国家粮食企业按照最低收购价政策和临时收储政策收购的粮食严重滞销，造成国产粮入库、进口粮入市的局面。这一新形势反映出我国现行的最低收购价政策对粮食价格的形成机制及市场信号造成一定影响，不能很好地调节市场供需。同时，补贴政策也达到WTO规定的"天花板"，因此，以最低收购价为代表的价格补贴政策迫切需要与时俱进地加以改革与完善。

六　本章小结

本章回顾了不同学者对于粮食补贴政策演进的研究，从补贴主体改革视角分析了自新中国成立以来我国粮食补贴政策改革的路程，解析了粮食补贴政策实施的背景、体系以及现状，并总结了湖南省粮食补贴政策实施中存在的问题。

粮食补贴政策是各国常用的支持和保护农业生产的工具，同时对于保障粮食安全具有重要的调控作用，随着国际国内形势的变化以及 WTO 贸易规则的限制，粮食补贴政策也随之发生了较大的变化。我国粮食补贴政策的改革大体经历了无粮食补贴阶段（1949～1978 年），在这一阶段攫取农业生产剩余用于支持工业；弱粮食补贴阶段（1978～2003 年），这一阶段主要是补贴流通环节，对于农业生产者支持的力度较小；政策体系初步形成阶段（2004～2016 年），种粮农民开始陆续享受"三项补贴"；政策体系改革深化阶段（2013 年至今）：为了促进粮食规模化生产和粮食生产方式的转变，在这一阶段内，农业支持保护补贴以及最低收购价均发生了较大的改革。

根据 OECD 的分类，本书所指的现行的粮食补贴政策主要由农业支持保护补贴和最低收购价政策组成，初步形成了以收入补贴为主、收入补贴价格补贴相结合的调控组合，兼顾种粮农民的积极性和国家粮食安全的政策效果。现行的粮食补贴体系对于适度规模经营主体的调动具有一定的刺激作用，但是，现行粮食补贴政策在发放对象上缺乏差异化激励，同时区域之间存在非产粮大县的激励大于产粮大县的现象这不利于区域之间的平衡。因此，如何结合农户对于补贴的认知和满意度评价，了解补贴政策执行的效果十分重要，因此在下一章节，我们分析稻作大户对于当前粮食补贴政策体系的认知和满意度。

第三章 粮食补贴政策的演进及实施现状

第四章
稻作大户对粮食补贴的认知和满意度分析

上一章根据 OECD 的分类方式，梳理了我国现行粮食补贴政策框架体系。稻作大户的认知和满意度就是衡量农业支持保护补贴政策实施效果的关键，分析、理解影响稻作大户满意度的影响因素，是推动农业补贴深化改革、更好地支持农业生产的有效方法。为此，本章选取湖南省 6 个产粮大县 188 个村庄的 419 份稻作大户进行问卷调查，从补贴标准认知及补贴目标认知两个维度衡量稻作大户的政策认知，从补贴发放时间、申报方式、发放方式、政策宣传和政策公平性角度出发采用因子分析的方法构造补贴政策满意度指标，并采用排序模型检验了政策认知对补贴政策满意度的影响。

一 "三项补贴"合并后农民满意程度

自 2004 年开始，我国先后实施了种粮直补、农资综合补贴和良种补贴,对于促进粮食生产和农民增收、推动农业农村发展发挥了积极作用,但随着农业农村形势发生深刻变化,农业补贴政策效应递减,政策效能逐步降低,而且对一些主要农产品的补贴已接近世贸组织规则承诺上限,迫切需要调整完善。为此,2016年,我国实施了"三项补贴"制度改革,将"三项补贴"合并为适度规模经营补贴和耕地地力保护补贴,统称为农业支持保护补贴。政策目标也相应地调整为支持适度规模经营和耕地地力保护。耕地地力保护补贴原则上补贴给拥有耕地承包权的农民,引导农民综合采取秸秆还田、深松整地、减少化肥农药用量,切实加强农业生态资源保护,自觉提升耕地地力;适度规模经营补贴则重点支持种粮大户、家庭农场、农民合作社和农业社会化服务组织等新型经营主体,体现"谁多种粮食,就优先支持谁"的原则。我国农业适度规模经营主体不断发展,已成为促进农业现代化发展的重要载体。在此背景下,如何管理好适度规模经营主体政策预期,提高政策认知,让其利用好现有补贴政策,提高政策绩效,对新形势下保障粮食安全至关重要。已有文献关于农业补贴认知和农户满意度的研究积累了丰富的成果,但是针对农业支持保护补贴实施以来,稻作大户的认知和满意度的研究比较匮乏。

二 政策认知—期望与现实偏差—政策满意度的分析框架

政策认知对于实现农业政策目标具有至关重要的作用。许多学者从多个角度构建了政策认知体系。如孙伟艳、翟印礼（2016）从政策了解程度认知、关注程度认知、赞成程度认知、满意程度认知、发挥效果认知等五个方面构建了农业补贴认知测度体系。吴比等（2016）从政策了解程度和在政策实施过程中的参与程度两个维度研究政策认识程度。韩红梅、王礼力（2013）从对粮食补贴政策的了解、补贴政策能否调动农户积极性、对农机补贴政策评价、对最低收购价评价、粮食补贴效果评价等方面评价补贴政策认知。魏茂青、郑传芳（2013）认为个人特征、家庭特征影响农户对农资综合补贴政策认知，但相比而言，政策的宣传和执行力度对认知程度的影响更大。准确认知政策是准确评价政策的前提。

政策认知与政策满意度之间并非直接的线性关系，对政策是否满意主要取决于政策认知形成的预期与政策执行过程中的实际获得之间是否匹配，即期望－实际之间的偏差是否存在，或是否具有正－负关系。当政策期望高于实际获得时，存在负向偏差，满意度较低；当实际获得不低于政策期望时，政策满意度较高。由此，我们得出假设一：稻作大户对农业支持保护补贴政策标准认知程度越高，对政策的满意度越高。而在执行过程中上级与下级因政策目标之间的冲突，以及多元目标等问题，使下级政策落实不到位。对农业支持保护补贴而言，耕地地力保护补贴是一种普惠性农业补贴，而适度规模经营补贴是一种竞争性补贴，而且在同一区域内（省内）各个县市区适度规模经营补贴的标准和强度等方面存在差异。稻作大户的补贴认知程度比普通农户要高，容易形成较高的政策预期，而基层政府的执行面临各种约束和障碍，最终使期望高于实际获得，导致补贴的满意度不高，形成政策负向排斥，如图4.1所示。

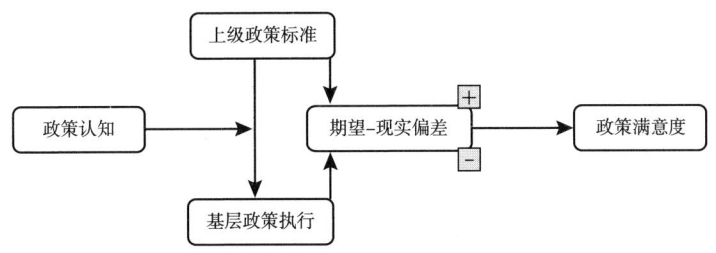

图4.1 政策认知—期望与现实偏差—政策满意度的分析框架

提高农业补贴政策认知的目的是提高补贴使用效率，提高政策满意度。近年来，政策实施效果评价的关注点逐渐从传统的物质福利和经济发展等方面，扩展到人们的主观福利方面（Easterlin，2001；王小林，2012），其中满意度是一个关键指标（高名姿等，2017），具有较强的可靠性（Ehrhardt et al.，2000）。为此，许多学者针对农业补贴政策满意度的影响因素进行了相关研究。如张冬平等认为教育程度和政策认知对现金方式的良种补贴政策的满意度具有正向影响。袁宁（2013）认为年龄、收入水平、兼业程度和补贴占比等因素对粮食直接补贴政策的满意度有显著影响。稳定的政策预期对农户满意度有显著的正向影响（余亮亮、蔡银莺，2015）。由此，我们提出假设二：稻作大户对农业支持保护补贴政策目标认知程度越高，对政策的满意度越高。

综上所述，为细化政策认知，合理解释其对农业支持保护补贴政策的满意程度，本章将政策认知过程分解为两部分：一是政策标准认知；二是政策目标认知。并围绕认知过程建立与政策满意度之间的两个假设，假设一：稻作大户对农业支持保护补贴政策标准认知程度越高，对政策的满意度越高；假设二：稻作大户对农业支持保护补贴政策目标认知程度越高，对政策的满意度越高。

三 数据来源

本章数据来源于2018年8～11月对湖南省6个产粮大县（宁乡县、湘潭县、桃源县、鼎城区、汉寿县和衡阳县）开展的实地调查，共涉及34个乡镇194个村430户，在剔除无效问卷后，共回收有效问卷419份，有效样本回收率为97%。在前期经验调查阶段，发现山区的稻作大户的特点是较为分散，且受土地细碎化程度的制约，大户较少。同时山区灌溉条件受限制，大户一般采用水稻与烟叶或者与蔬菜等套种的模式保障自身的经济利益，这对于本章研究主体——稻作大户不具有普遍借鉴意义。因此本章选取稻作大户较为集中的产粮大县进行问卷调研。依据粮食产量排名，主要选择湖南省产粮大县排名前6，粮食产量排名第一的宁乡县覆盖3个乡镇20个村66户，排名第二的桃源县覆盖4个乡镇14个村53户，排名第三的湘潭县覆盖3个乡镇32个村73户，排名第四的鼎城区覆盖6个乡镇41个村64户，排名第五的汉寿县覆盖7个乡镇23个村57户，排名第六的衡阳县覆盖10个乡镇56个村87户，以及常德市津市市1个乡镇10个村19户。

本书所指的稻作大户是湖南省经营30亩及以上的水稻种植大户。就年龄结构来分析，稻作大户的老龄化较为严重，且后备力量薄弱。从419份问卷可知，样本农户平均年龄为51.88岁，最大年龄为77岁，最小年龄为29岁。35岁及以内的稻作大户仅占总样本的2.86%，而46岁及以上的稻作大户占81.38%，且36~45岁的稻作大户仅占15.75%，某种程度上反映了稻作大户的年龄结构存在问题，如何培育和发展新型职业农民经营能力以及引导青年劳动力提高种粮积极性，是未来解决谁来种田的关键。

从经营规模来看，样本农户的户均流转耕地规模为187.54亩，最大值为2015亩，最小值为30亩，有接近50%的经营规模在100亩以上，其中200亩以上占比26.49%。关于稻作大户的文化教育水平，小学及以下文化水平的大户占比21.01%，初中占比最大，达51.31%，高中/中专占比26.01%，大专及以上占比最小，仅1.67%（见表4.1）。这在某种程度上反映了对稻作大户进行职业培训是十分必要的投入。除此之外，数据显示，曾经担任过村干部的有76户，占比18.13%，但是一般发生在地块较细碎的村庄，而且这些村庄一般大户较少，需要能人带动。这也从侧面反映了稻作大户的培育需要一定的社会资本和人力资本作为基础。

从兼业程度来看，专业水稻种植大户有183户，占比43.68%，而其中兼业的稻作大户经营面积普遍低于100亩。样本中，有291户为家庭农场，占比69.45%，有183户已加入合作社，占比43.68%，这在一定程度上反映了稻作大户组织化程度较高。由于湖南产粮大县普遍以平原、丘陵为主，资源禀赋条件较好，以双季稻种植为主，其中双季稻种植面积占比48.68%，其次是一季稻中稻搭配经济作物的种植方式，占26.73%，部分稻作大户也采用双季稻和一季稻中稻混合种植的方式。湖南省稻作大户种植类型以杂交稻为主，占比52.89%，杂交稻和普通稻同时选用的稻作大户占比40%。

表4.1 稻作大户样本基本特征

年龄	户数（户）	占比（%）	面积	户数（户）	占比（%）	文化水平	户数（户）	占比（%）
35岁及以内	12	2.86	30~50亩	111	26.49	未上过学	17	4.06
36~45岁	66	15.75	51~100亩	99	23.63	小学	71	16.95
46~55岁	221	52.74	101~150亩	50	11.93	初中	215	51.31
56~65岁	102	24.34	151~200亩	48	11.46	高中/中专	109	26.01
66岁及以上	18	4.30	200亩以上	111	26.49	大专及以上	7	1.67

政策认知程度作为影响农户政策满意度的因素被学界广泛认可（钱忠好、冀县卿，2016）。政策认知是指人们对政策内容和精神及政策系统和过程等方面的认识（王鹏远，2011）。因此本书主要从补贴标准认知和补贴政策目标认知两方面对稻作大户的农业补贴认知进行总结。

稻作大户对于补贴标准的认知程度总体较高。在419户调查样本中，54.65%的表示清楚补贴标准，33.41%的表示部分清楚补贴标准，仅11.93%的表示不清楚。稻作大户关于补贴政策目标的认知有待提升。在419户调查样本中，46.06%的认为补贴目标为提高收入，15.27%的认为是弥补物价上涨因素，19.81%的认为是稳定粮食生产预期，11.69%的认为是保护耕地，7.16%的认为是支持适度规模经营。

通过比较不难发现：稻作大户对补贴标准的认知程度较高，而对补贴政策目标的认知程度较低，仅18.85%的调查对象对农业支持保护补贴的政策目标认识正确。2016年，"三项补贴"合并为农业支持保护补贴，其政策目标主要是保护耕地和支持适度规模经营，因此，对于稻作大户主要支持其适度规模经营，只有7.16%的稻作大户认为政策执行的目的是支持适度规模经营，这与政策预期存在一定差距。

四 模型构建与实证分析

1. 模型构建与变量说明

本书采用李克特（Likert）五级量表测度稻作大户对农业支持保护补贴的满意度，研究稻作大户对于该项补贴的满意度评价，通过采用因子分析方法将农户对补贴申报方式、发放方式、政策宣传和政策公平性的满意度综合为农户对补贴政策整体满意度指标，根据原来满意度的分布，将排序后的因子分析结果重新赋值成离散变量，其中1表示"非常不满意"，2表示"不满意"，3表示"一般"，4表示"满意"，5表示"非常满意"。被解释变量具有序数性质，被称为"排序数据"（ordered data）。

如果使用 multinomial logit，将无视数据内在的排序，而 OLS 又把排序视为基数处理，因此对于排序数据，可以选择有序 Probit 模型进行实证分析（陈强，2010），模型构建如下。

(1) 模型构建

$$y^* = x'\beta + \varepsilon \tag{4-1}$$

$$y = \begin{cases} 1 & 若 y^* \leqslant r_0 \\ 2 & 若 r_0 < y^* \leqslant r_1 \\ 3 & 若 r_1 < y^* \leqslant r_2 \\ 4 & 若 r_2 < y^* \leqslant r_3 \\ 5 & 若 y^* > r_3 \end{cases} \tag{4-2}$$

其中，$r_0 < r_1 < r_2 < r_3$ 为代估参数，称为"切点"，并假设 $\varepsilon \sim N(0, 1)$，则

$$P(y=1 \mid x) = P(y^* \leqslant r_0 \mid x) = P(x'\beta + \varepsilon \leqslant r_0 \mid x) = P(\varepsilon \leqslant r_0 - x'\beta \mid x) = \Phi(r_0 - x'\beta) \tag{4-3}$$

$$P(y=2 \mid x) = P(r_0 < y^* \leqslant r_1 \mid x) = P(y^* \leqslant r_1 \mid x) - P(y^* < r_0 \mid x) = P(x'\beta + \varepsilon \leqslant r_1 \mid x) - \Phi(r_0 - x'\beta) = \Phi(r_1 - x'\beta) - \Phi(r_0 - x'\beta) \tag{4-4}$$

$$P(y=3 \mid x) = \Phi(r_2 - x'\beta) - \Phi(r_1 - x'\beta) \tag{4-5}$$

$$P(y=4 \mid x) = \Phi(r_3 - x'\beta) - \Phi(r_2 - x'\beta) \tag{4-6}$$

$$P(y=5 \mid x) = 1 - \Phi(r_3 - x'\beta) \tag{4-7}$$

(2) 变量说明

本研究讨论的补贴政策满意度侧重于从补贴过程进行评价，具体地，分别从补贴发放时间、申报方式、发放方式、政策宣传和政策公平性角度考察稻作大户对补贴政策的满意度。由于各变量之间有很大的相关性，且均从不同层面反映了农户对补贴政策的满意度

情况，因此采用因子分析法利用上述 5 个变量构造了一个农户对补贴政策满意度综合指标。结果显示，Bartlett's 球型检验统计量为 857.87，在 1% 的显著水平上显著，且 KMO 为 0.793，符合因子分析的条件。通过因子分析的极大似然估计方法且应用标准化的正交旋转法，提取出 1 个公因子，根据该公因子对各变量赋权（见表 4.2）。

表 4.2 补贴政策满意度变量及因子赋权

变量	变量说明	均值	因子权重
补贴发放公平满意度	您认为目前补贴过程公平吗：不公平＝1；没有明显感觉＝2；公平＝3	2.189	0.0066
补贴发放时间满意度	非常不满意＝1；不满意＝2；一般＝3；满意＝4；非常满意＝5	3.165	0.0750
补贴申报方式满意度	非常不满意＝1；不满意＝2；一般＝3；满意＝4；非常满意＝5	3.494	0.2899
补贴发放方式满意度	非常不满意＝1；不满意＝2；一般＝3；满意＝4；非常满意＝5	3.422	0.2848
补贴政策宣传满意度	非常不满意＝1；不满意＝2；一般＝3；满意＝4；非常满意＝5	3.553	0.3914

本研究将排序后的因子分析结果按照原来满意度变量的分布重新赋值成离散变量，形成补贴政策综合满意度指标作为被解释变量，其中，认为"满意"与"非常满意"的农户有 147 户，占样本的 35%，超过一半的农户对政策评价一般，约 10% 的农户对补贴政策表示不满意。为侧重研究补贴政策认知度对满意度的影响，本书将所选变量分为解释变量和控制变量两部分。其中，解释变量包括政策标准认知及政策目标认知，政策目标认知以提高收入为基准组，分别将弥补生产资料差价、稳定种粮预期、保护耕地和

支持适度规模经营设置为虚拟变量；控制变量包括个人特征、家庭特征、禀赋特征等三个方面。具体变量说明如表 4.3 所示。

表 4.3　变量含义及描述性统计分析

变量		变量说明	平均值	标准差
被解释变量	补贴政策综合满意度	非常不满意 =1；不满意 =2；一般 =3；满意 =4；非常满意 =5	3.312	0.896
核心解释变量	政策标准认知	您对补贴标准清楚吗：不清楚 =1；部分清楚 =2；清楚 =3	2.430	0.693
	政策目标认知	弥补生产资料差价 =1；其他 =0	0.153	0.360
		稳定种粮预期 =1；其他 =0	0.198	0.399
		保护耕地 =1；其他 =0	0.117	0.322
		支持适度规模经营 =1；其他 =0	0.072	0.258
控制变量	年龄	—	51.878	8.037
	文化程度	未上过学 =1；小学 =2；初中 =3；高中/中专 =4；大专及以上 =5	3.138	0.800
	身份特征	是否担任村干部（是 =1；否 =0）	0.181	0.385
	水稻种植年限	（年）	19.943	13.232
	种植规模	家庭实际耕种面积（亩）	195.149	278.241

2. 实证结果分析

在对各自变量进行多重共线性检验之后，各自变量之间不存在多重共线性。采用有序 Probit 模型，检验政策认知与政策满意度之间的关系。其中回归（Ⅰ）只包含了核心解释变量；回归（Ⅱ）加入所有核心解释变量和控制变量（回归结果见表 4.4）。

由表 4.4 可知：①政策标准认知系数为正，在 10% 的统计水平上显著。说明稻作大户对农业支持保护补贴标准认知程度越高，政策满意度越高，假设一得到验证。而相比于认为政策目标是提高收入的大户群体，将政策目标认知为弥补生产资料差价、保护耕地和支持适度规模经营的大户对补贴政策满意度更低。这说明稻作大户对政策补贴标准认知越清晰，其对补贴政策实施的满意度越低，这与假设二相反，表明农业支持保护补贴政策对农户保护耕地和扩大规模经营方面产生的激励不足。虽然农业支持保护补贴实现了稻作大户等新型农业经营主体作为补贴对象"从无到有"的转变，但稻作大户对于农业支持保护补贴满意程度有待进一步提高，仅有 35%（147 户）的调查样本对农业支持保护补贴的总体评价为"满意"和"非常满意"。补贴标准认知显著为正，说明稻作大户对于补贴标准评价较高，对上级政策逻辑比较满意。但对于补贴中的政策目标的理解存在问题，一方面是因为各地农业支持保护补贴的标准和力度存在较大差异，种植规模相同，地区不同，补贴金额差异较大，这一点在调查中体现得特别明显。而竞争性获取补贴方式，不可避免地存在寻租可能、不透明等不公平的现象（黄建红，2018）。另一方面因政策目标的宏观性与单个农户的"理性经济人"行为动机不一致，农业支持保护补贴强调耕地地力保护和支持适度规模经营，但稻作大户的耕地保护意愿并不强，已有相关文献得到验证。支持适度规模经营的政策目标更难以形成共识，稻作大户的生产经营行为更多地受市场的影响，而政策性的补贴则被认为是一种收入补贴，并未有效激励稻作大户扩大生产规模，提高现代化水平。②除年龄外，个人特征、家庭特征、禀赋特征并未显著影响政策满意度，这与已有研究存在一定的差异。可能的原因是本书仅研究稻作大户，而没有研究所有农户，特征上差异较小。

表 4.4 有序 Probit 回归结果

变量名称	回归（Ⅰ）系数	标准误	回归（Ⅱ）系数	标准误
政策标准认知	0.107	0.077	0.093*	0.079
弥补生产资料差价	-0.391**	0.158	-0.367**	0.159
稳定种粮预期	-0.135	0.144	-0.116	0.145
保护耕地	-0.702***	0.177	-0.744***	0.179
支持适度规模经营	-0.384*	0.214	-0.399*	0.215
年龄			0.018**	0.008
文化程度			0.035	0.077
身份特征			0.070	0.154
水稻种植年限			-0.007	0.005
种植规模			0.0002	0.0002
样本量	419		419	
对数似然值	-505.43		-501.90	
Pseudo-R^2	0.02		0.03	

注：* $p<0.1$，** $p<0.05$，*** $p<0.01$。

五　本章小结

本章基于稻作大户政策认知视角，通过构建政策认知—期望与现实偏差—政策满意度的分析框架，揭示了政策认知与政策满意度之间的关系，并以稻作大户对于农业支持保护补贴政策认知为切入点，基于湖南省6个产粮大县419户稻作大户的微观调查，采用因子分析方法构造稻作大户对农业补贴满意程度综合指标，并借助有序Probit模型分析了稻作大户的政策认知及其对现行农业支持保护补贴政策满意度的影响，得出以下研究结论：第一，规模农户对补贴标准的认知程度较高，但对补贴政策目标的认知程度较低；第二，从规模农户在补贴过程中的评价来看，35%的规模农户对政策实行情况比较满意，超过一半的规模农户对补贴政策评价一般，仅10%的规模农户对补贴政策感到不满；第三，规模农户对补贴标准认知以及政策目标认知显著影响政策满意度，规模农户对补贴标准认知越清晰，对补贴政策满意度越高；但相较于将提高收入视作政策目标的规模农户，对政策目标认知越清晰的规模农户，其政策满意度越低，说明补贴政策对规模农户保护耕地和扩大规模经营方面产生的激励不足。

根据以上研究结论，为进一步增强农户对农业补贴政策的认知，提高对补贴政策的满意度，更好地促进农业适度规模经营主体的发展，本书提出以下几点政策启示。

1. 进一步健全完善农业支持保护制度，细化对稻作大户的补贴机制，协调好公平与效率问题

加快构建新型农业补贴政策体系，保障粮食安全。结合国际贸易组织的规则，以保护农民种粮利益、支持农业生产为原则，用好价格补贴和直接补贴等不同类型的粮食补贴政策，多维度对保障粮食安全进行有效调控。充分发挥市场在资源配置中的决定性作用，通过价格补贴来引导生产，调节种植结构，管理好政策预期，进一步完善稻谷最低收购价政策，逐步调控好市场竞争力。发挥好农业支持保护补贴对稻作大户要素投入以及支持适度规模经营的导向。健全农业担保体系以及农村金融的支持，完善激励机制。稻作大户对于资金的需求较大，因此，缓解其信贷约束有利于刺激稻作大户农业生产的积极性。

2. 加强政策目标的引领作用，逐步引导农户的生产目标与政策目标契合

农业支持保护补贴的政策目标是耕地地力保护和支持适度规模经营，而稻作大户生产所追求的是增加粮食产量进而增加收入。因此，针对适度规模经营主体的补贴目标的设计，应由激励性补贴向功能性补贴转变，由覆盖性补贴向环节性补贴转变，增量补贴重点针对适度规模经营主体（张磊、罗光强，2018）。完善农业社会化服务体系，降低规模生产的交易成本，扩大适度规模经营主体收益的空间，刺激其增加"扩耕"的投入。鼓励践行绿色生产理念，使农业生产与市场、环境协

同发展，鼓励稻作大户对耕地改良和农业基础设施的投入，采用"先做后补"的方式支持鼓励。提高农业组织化程度，鼓励合作社、家庭农场、专业稻作大户参与多种形式的合作与联合，节约交易成本。

3.简化补贴申报程序，缩短补贴款项拨付周期，使补贴资金及时到位

增加适度规模经营补贴测算的透明度。适度规模经营补贴金额的发放和经营面积有直接关系，实施补贴申报审批透明公开化有利于提高农民的满意度。缩短补贴款项拨付周期，及时精准地将资金拨付到位。加大灾害补贴等对稻作大户的帮扶力度，湖南省部分粮食生产大县容易遭受洪涝灾害，对于购买了农业保险的稻作大户应及时赔付。补贴资金发放时间与规模农户购买农机或季节性资金需求高峰期相匹配，减小稻作大户的资金约束，使其更好地投入农业生产。

4.加强对农业补贴政策的宣传，提高劳动者的绿色生态意识

健全新型职业农民培训体系，开展切合实际的培训，从意识形态上影响稻作大户的生产行为。创新培训方式和内容，开展多种形式的知识技能培训，湖南省稻作大户的老龄化严重，对于知识的消化和吸收具有一定的局限性，因此需要创新培训方式和内容。加强绿色生态理念的推广，引导稻作大户改变粗放型生产的理念，为水稻种植提质增效，使其产品更好地适应市场的需求。

综上所述，稻作大户对补贴标准的认知程度较高，但对补贴

政策目标的认知程度较低,稻作大户的认知显著影响政策满意度,据此,本书从细化补贴机制、协调好公平与效率问题、加强政策目标的引领等方面提出了相关政策启示。

第五章
直接补贴对稻作大户生产行为的影响

前一章分析稻作大户对于农业补贴的认知和满意度，本章开始探讨直接补贴对稻作大户生产决策行为的影响。我国直接补贴主要指农业支持保护补贴，补贴以现金的方式发放给种粮农户，要评价其是否也有利于实现保护耕地以及支持适度规模经营的目标，不能忽视农户生产投入行为。本章主要回答农业支持保护补贴对稻作大户的生产投入行为是否产生影响？其影响路径和机制是什么？首先，分析农业支持保护补贴对稻作大户生产投入行为的作用路径；其次，使用工具变量法下的分位数回归模型，来分析不同分位点下的农业支持保护补贴政策对稻作大户的影响。

一 农业支持保护补贴的实施

为保障我国粮食安全，提高农民生产积极性，自 2004 年开始我国先后实施了种粮直补、农资综合补贴、良种补贴等农业"三项补贴"。但随着农业农村形势的发展变化,"三项补贴"的政策效应正逐步降低(王莉、周密,2017;朱晶,2017)。为适应WTO关于农业补贴的要求,2015年,我国启动了农业"三项补贴"改革试点,将农业"三项补贴"合并为"农业支持保护补贴",政策目标调整为耕地地力保护和支持适度规模经营(农业部产业政策与法规司,2016)。2016年,通过试点后,农业支持保护补贴政策在全国实施。

根据OECD的分类标准,农业支持保护补贴属于直接补贴,根据WTO的分类标准,农业支持保护补贴属于脱钩补贴(程国强,2011),该类补贴可以通过改变农户的信贷约束、风险偏好以及收入水平等方面影响农户的要素投入行为(Koundouri et al.,2009)。直接补贴政策在一定程度上起到减弱农户风险的作用,促使农户增加农业生产投资(Sulewski,Kloczkogajewska,2015),但具有高负债农户倾向于更少的生产和投资(Chambers,Lee,1986)。对于农业资本的投资水平,可以通过投入品的价格和数量进一步影响农业生产者行为(Anderson et al.,2010)。直接补贴可以增加农民的收入,这说明直接补贴在一定程度上能够促进农户投资,可是农业支持保护补贴和农户投资行为之间有什么关系呢?有学者通过建立一个随机动态规划模型分析了风险条件下直接补贴对农户投资关系的影响,发现无论农户的风险规避程度如何,直接补贴均具有投资激励(Vercammen,2003),但直接补贴的风险削减功能将诱导农户投资于高风险的农产品种植（Roche，Mcquinn，2004）。但这一结论并未考虑农户的种植规模。虽然我国仍未改变小农的主体地位，但近年来，新型农业经营主体数量迅速扩大。农业部统计数据显示：截至2016年6月底，全国承包耕地流转面积达到4.6亿亩，约占家庭承包耕地总面积的35%左右，在东部部分沿海地区，流转比例已经超过1/2。全国经营耕地面积在50亩以上的规模经营农户超过350万户，经营耕地面积超过3.5亿多亩，规模经营趋势在未来依然会延续。但现有关于农业补贴对稻作大户投入行为的影响的研究较少，尤其是对新实施的农业支持保护补贴的研究更少。因此，本章试图以稻作大户（即规模经营主体）投入行为为切入点，首先，梳理了农业支持保护补贴对稻作大户的影响作用机理；其次，采用分位数回归方法实证分析农业支持保护补贴中的耕地地力保护补贴和适度规模经营补贴的影响，并进一步从资源禀赋和规模经营视角对稻作大户行为进行分解；最后，提出相关政策启示。

二　农业支持保护补贴对稻作大户生产投入行为的影响机理分析

农业支持保护补贴政策主要是通过增加农民收入和缓解农户的生产资金约束来实现对稻作大户生产行为的影响。农业支持保护补贴由农业保护补贴（即耕地地力保护补贴）和农业支持补贴（即适度规模经营补贴）两个部分组成。农业保护补贴是直接将补贴发放给拥有承包地的农户，并将补贴与耕地地力保护挂钩，鼓励创新方式方法，以绿色生态为导向，通过各种措施引导农户主动保护耕地地力，提高农业生态资源保护意识，自觉促进耕地质量提升，实现"藏粮于地"。农业支持补贴则是根据稻作大户经营的面积发放，用于支持和鼓励适度规模经营。

两类补贴主要是通过收入效应来实现对稻作大户生产行为的影响，主要通过增加生产要素投入、机械投入，提高人力资本投入和扩大经营规模等路径来影响生产（见图5.1）。

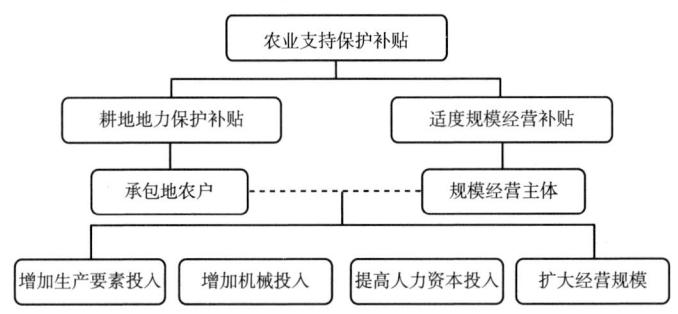

图 5.1 农业支持保护补贴对稻作大户投入行为的影响路径

一般而言，适度规模经营补贴与经营面积挂钩，各地区面积核定存在差异。湖南省要求经营面积30亩以上，但补贴标准与经营面积和地区财政收入水平相关。对于适度规模经营主体而言，补贴从无到有及补贴规模能有效激励规模经营主体增加投入。

首先，从补贴目标来看，主要是根据二轮承包地面积发放的补贴，无论是否从事生产，都有耕地地力保护补贴，对于非种粮农户和种粮农户而言，主要是提高收入水平和消费水平。其次，针对湖南省，适度规模经营补贴的主体均是30亩以上的经营主体，补贴根据经营的面积发放，对稻作大户而言，资金的增加有利于刺激其增加物质资本投入和扩大耕地面积。

从生产要素的角度来看，需要从要素价格不变和要素价格改变两个维度来分析农业支持保护补贴对稻作大户生产投入行为的影响路径。第一，假设生产投入要素价格不变。当生产投入要素价格不变时，水稻生产的投入要素不变，当稻作大户接受来自政府的适度规模经营补贴后，可以有更多的资金购买水稻所需要的生产要素投入品，从而可以影响稻作大户水稻生产的投入行为。如果稻作大户不将这笔适度规模经营补贴用于要素生产的购买的话，稻作大户可以用适度规模经营补贴来扩大水稻的种植规模，从而有利于促进稻农的规模扩大行为。第二，假设生产投入要素价格改变。当生产投入要素的价格上涨时，农业支持保护补贴可以用来抵消价格上涨所导致的生产投入要素的不足，从而保障水稻生产的稳定。如果水稻生产投入要素降低，也就意味着稻作大户的收入增多。在这样的情况下，稻作大户既可以购买更多的水稻生产投入要素，也能使用适度规模经营补贴来扩大水稻生产规模。

从资金投入的角度来看，农业支持保护补贴对稻农生产行为的影响，主要是通过缓解稻作大户的资金约束所带来的，这主要表现在几方面。第一，用于要素投入。关于要素投入正如上文的分析所述，无论水稻生产的要素价格是变还是不变，农业支持保护补贴都有利于稻作大户提高消费水平。第二，用于机械投入。当前，水稻的机械化生产已经大面积普及和推广，而农机使用费用可由农业支持保护补贴来抵消，即将农业支持保护补贴用于水稻生产的机械化费用。第三，用于人力资本的投入。农户获得农业支持保护补贴后，可直接将这一笔资金用于自身的人力资本的投资，例如，接受教育、接受技能培训等方式。第四，扩大经营面积。农业支持保护补贴可以刺激农户增加土地流转的面积，用于扩大水稻生产的规模。

综上可知，农业支持保护补贴对稻农生产行为的影响主要通过两个路径：一个是作用于水稻生产的资金投入，另一个是水稻生产的要素投入。

本章创新点有以下几方面。其一，指标选取的改进。本书选用亩均物质资本投入行为来刻画稻作大户的物质资本投入行为。其二，切入角度的新颖和精细化。农业支持保护补贴政策执行时间不长，且各地执行的标准不统一，已有文献较少运用计量实证分析方法分析农业支持保护补贴对稻作大户亩均物质资本投入的激励效应，本书尝试对上述命题进行计量回归，将农业支持保护补贴具体细分成耕地地力保护补贴和适度规模经营补贴两类，并且将亩均物质资本投入细化为种苗、肥料和农机三类具体物质资本投入。本书通过分位数回归分析论证了适度规模经营补贴对农业生产亩均物质资本投入的非线性影响，这能帮助我们认识过度追求规模效应的负面影响，以便政策措施更有的放矢。

三 数据来源及模型构建

1. 数据来源

本书数据来源于2018年8~11月对湖南省粮食产量排名前6的产粮大县（宁乡县、湘潭县、桃源县、鼎城区、汉寿县和衡阳县）开展的实地调查，共涉及34个乡镇196个村430户，每个县抽取约70户农户进行问卷调查，其中样本统计数据显示，耕地总面积超过30亩的种粮大户数量约占总样本的94.03%[①]。本调研数据样本共计发放430份问卷，在剔除非农生产决策者和无效生产者（比如，问卷填写者为未成年人和无劳动能力成年人）问卷后，共回收有效问卷419份，有效问卷回收率为97%。变量描述性统计分析如表5.1所示。

表5.1 变量描述性统计

变量名称	变量含义	观测值	均值	标准差	最小值	最大值
lnzmtinput	亩均种苗投入（元/亩）	419	4.560	0.699	2.303	5.953
lnhxfyaoinput	亩均肥料投入（元/亩）	419	5.797	0.381	4.382	6.703
lnjqsyinput	亩均机械和灌溉投入（元/亩）	419	6.031	0.242	5.011	6.646
lnyongjinput	亩均劳动力雇佣投入（元/亩）	419	4.314	0.639	3.188	5.979

---

① 本书选取30亩以上作为规模经营的标准是根据湖南省2018年发放适度规模经营补贴的标准来确定的。

续表

变量名称	变量含义	观测值	均值	标准差	最小值	最大值
lnavercost	亩均物质资本投入（元/亩）	419	6.782	0.201	6.310	7.305
lntotalgdsubsi	耕地地力保护总补贴（元）	419	6.625	0.755	4.836	9.077
lntotaldhsubsi	适度规模经营总补贴（元）	419	8.797	1.223	7.090	12.22
age	样本年龄	419	51.88	8.046	29	77
education	受教育程度[1]	419	3.138	0.801	1	5
dyuan	是否党员，是=1，否则=0	419	0.253	0.435	0	1
gbu	是否干部，是=1，否则=0	419	0.181	0.386	0	1
chrenkou	家庭常住人口	419	4.525	1.533	1	10
riceyear	水稻种植年限	419	19.94	13.25	1	55
jianyeor	除种水稻，还做其他工作？[2]	419	1.613	0.582	1	3
jtnchangor	家庭农场，是=1，否则=0	419	0.695	0.461	0	1
groupor	水稻合作社，是=1，否则=0	419	0.437	0.497	0	1
ricesfhu	水稻示范户，是=1，否则=0	419	0.468	0.500	0	1
selfland	家庭自有耕地面积（亩）	419	7.603	7.349	1.2	10
lzhuanland	家庭流转耕地总面积（亩）	419	187.546	187.546	28	2015
liuzhprice	耕地流转价格（元/亩）	419	255.229	132.9	0	520
liuzhyear	签订流转土地合同年限（年）	419	4.446	2.609	0	15

续表

变量名称	变量含义	观测值	均值	标准差	最小值	最大值
lnricetotalincome	水稻种植年收入（万元）	419	2.673	1.384	-1.756	6.557
outincome	外出务工收入（万元）	419	0.793	2.118	0	20
lnjiatotalincome	家庭年总收入（万元）	419	2.968	1.133	-0.982	6.565
btbzhunclear	您对补贴标准清楚吗？[3]	419	1.718	0.524	1	3
btjemyd	对补贴发放金额满意度评价[4]	419	3.585	0.754	1	5
btztmyd	对补贴总体情况[5]	419	3.184	0.700	1	5

注：①变量前缀 ln，表示取对数；②本书所有实证表格内数字小数点后至多保留四位有效数字，下同。

1. 样本农户的受教育程度设定为序数变量，具体为：1＝未上过学，2＝小学，3＝初中，4＝高中/中专，5＝大专及以上，数值越大，代表受教育程度越高。

2. 对"除种水稻，还做其他工作？"设定为：1＝只种粮食，2＝有别的工作但不是打工，3＝打工。

3. 对"您对补贴标准清楚吗？"设定为：1＝清楚，2＝部分清楚，3＝不清楚。

4. 对"对补贴发放金额满意度评价"设定为：1＝极不满意，2＝不满意，3＝还行，4＝比较满意，5＝非常满意。

5. 对"对补贴总体情况"设定为：1＝极不满意；2＝不满意；3＝还行；4＝比较满意；5＝非常满意。

2. 模型构建

本书主要探究农业支持保护补贴对稻作大户亩均物质资本投入的影响。对此，本书构建如下计量基准回归模型。

$$\ln avercost_i = C + \partial_1 \ln totalgdsubsi_i + \partial_2 \ln totaldhsubsi_i + \sum_{j=1} \beta_j x_j + u_i$$
(5-1)

其中，$\ln avercost$ 为被解释变量农户种粮亩均物质资本投入的对数值，问卷调查中，将稻作大户亩均物质资本投入分为三类：亩均种苗投入、亩均肥料投入①以及亩均机械和灌溉投入。同时，核心解释变量为农业支持保护补贴，主要将其分为耕地地力保护补贴和适度规模经营补贴两类。为了在计量实证分析中，明确其弹性概念含义，本书对上述被解释变量和核心解释变量均做取对数处理。另外，x_j 代表一系列影响稻作大户亩均种粮物质资本投入的控制变量，u_i 代表残差项。

调查样本均耕种自有耕地，流入耕地面积超过 30 亩的农户占 86.87%，但因各县市区适度规模经营补贴标准差异较大，补贴金额差异较大。考虑到不同数额的补贴对农户亩均物质资本投入的影响程度可能存在非线性相关关系，因此对适度规模经营补贴设置不同分位点，并根据分位点对亩均物质资本投入的影响进行分位数回归。

分位数回归方法由 Koenker 和 Bassett（1978）提出，其是对传统普通最小二乘均值回归方法（OLS）的扩展，主要针对解释变量 x 与被解释变量 y 不同分位点之间的非线性相关关系进行估计。分位数回归原理如下所示。

---

① 农药也算入其内，但亩均占比较小，各类肥料投入主要包括有机肥投入、化肥等投入及其他肥料投入。

对于连续型随机变量 y，其条件分布 $y|x$ 的累计分布函数为 $F_{y|x}(\cdot)$，则条件分布 $y|x$ 的总体 q 分位数（$0<q<1$）记为 y_q，满足 $q=F_{y|x}(y_q)$。

假设条件分布 $y|x$ 的总体 q 分位数 $y_q(x)$ 是 x 的线性函数，即

$$y_q(x_i) = x'_i \beta_q \tag{5-2}$$

其中，β_q 被称为 q 分位数回归系数，其估计量 $\hat{\beta_q}$ 可以由以下最小化问题来定义。

$$\min_{\beta_q} \sum_{i:y_i \geq x'_i \beta_q^n} q|y_i - x'_i \beta_q| + \sum_{i:y_i \geq x'_i \beta_q^n}(1-q)|y_i - x'_i \beta_q| \tag{5-3}$$

对此，本书构建的分位数回归模型如下。

$$Q_q[\text{lnavercost}_i | x] = C + \partial_1^q \text{lntotalgdsubsi}_i + \partial_2^q \text{lntotaldhsubsi}_i + \sum_{j=1} \beta_j^q x_j + u_i \tag{5-4}$$

其中，（5-4）式中的 ∂_i^q 分别表示对各个变量进行参数估计的第 q 个分位数的回归系数，x 代表一系列控制变量。根据高梦滔和姚洋（2007）研究，通常采用 *bootstrap* 密集算法技术对分位数回归系数 ∂_i^q 进行估计，即不断进行有放回的抽样来获得样本的置信区间，从而对分位数回归系数加以估计。

四　实证分析

基准计量回归。以计量实证模型（1）为基准，分别以亩均

种苗投入、亩均肥料投入以及亩均机械和灌溉投入为被解释变量,以耕地地力保护补贴和适度规模经营补贴为核心解释变量,以及一些控制变量,并以村庄进行聚类稳健标准误回归,得到表5.2所示(1)-(3)列的实证结果。此外,将上述三类亩均物质资本投入加总为"亩均物质资本投入",并将其设定为被解释变量,得到第(4)列回归结果;最后,将农业支持保护补贴作为核心解释变量,并以"亩均物质资本投入"为被解释变量,得到第(5)列回归结果。

表5.2 农业支持保护补贴对物质资本投入影响的基准回归

变量	亩均种苗投入	亩均肥料投入	亩均机械和灌溉投入	亩均物质资本投入1	亩均物质资本投入2
	(1)	(2)	(3)	(4)	(5)
耕地地力保护补贴	0.0855**	0.178**	0.0375	0.0961***	
	(0.0330)	(0.0786)	(0.0379)	(0.0262)	
适度规模经营补贴	0.0628**	0.505***	0.188***	0.118***	
	(0.0306)	(0.0861)	(0.0441)	(0.0259)	
农业支持保护补贴					0.103***
					(0.0268)
age	0.0413	0.0134	0.0086	0.0109***	0.0196*
	(0.0424)	(0.0124)	(0.0149)	(0.0014)	(0.0101)
age2	-0.0005***	-0.0002*	-0.0003**	-0.0001**	-0.0002**
	(0.0002)	(0.0002)	(0.0002)	(0.0001)	(0.0001)
education	0.0345	0.0128*	0.0245*	0.0182*	0.0187*
	(0.0525)	(0.0069)	(0.0141)	(0.0135)	(0.0132)

续表

变量	亩均种苗投入 (1)	亩均肥料投入 (2)	亩均机械和灌溉投入 (3)	亩均物质资本投入1 (4)	亩均物质资本投入2 (5)
dyuan	0.0748	0.0457	0.0763**	0.0654**	0.0653**
	(0.0965)	(0.0573)	(0.038)	(0.0319)	(0.0299)
gbu	0.0663**	0.0742	0.0577*	0.0588*	0.0551*
	(0.0331)	(0.0634)	(0.0301)	(0.0342)	(0.0331)
chrenkou	0.0145	0.0117	0.0043	0.0077	0.0079
	(0.0202)	(0.011)	(0.0077)	(0.0062)	(0.0061)
riceyear	0.0047*	0.0032**	0.0017	0.0013*	0.0011*
	(0.0031)	(0.0015)	(0.0011)	(0.0007)	(0.0007)
jianyeor	-0.0259*	-0.0266*	-0.0112**	-0.0183**	-0.0283**
	(0.0132)	(0.0162)	(0.0054)	(0.0106)	(0.0132)
jtnchangor	0.108*	0.162***	0.0836***	0.0468*	0.0353***
	(0.0615)	(0.0395)	(0.0295)	(0.0231)	(0.0130)
groupor	0.0987***	0.0391*	0.0248*	0.0255**	0.0371*
	(0.0278)	(0.019)	(0.0164)	(0.0111)	(0.0213)
selfland	-0.0102*	-0.0007	-0.0092***	-0.0072***	-0.0031**
	(0.0055)	(0.0043)	(0.0029)	(0.0027)	(0.0015)
lzhuanland	0.0001	0.0003***	0.0001	0.0001***	0.0003***
	(0.0001)	(0.0001)	(0.0001)	(0.0000)	(0.0000)
liuzhprice	0.0004	0.0002*	0.0002*	0.0002*	0.0001*
	(0.0003)	(0.0001)	(0.0001)	(0.0001)	(0.0001)
liuzhyear	0.0274**	0.0015	0.0056*	0.0022*	0.0032
	(0.0133)	(0.0083)	(0.0032)	(0.0012)	(0.0046)
lnjiatotalincome	0.174	0.0469	0.0457**	0.0293*	0.0744***
	(0.164)	(0.0868)	(0.0211)	(0.0170)	(0.0259)
lnricetotalincome	0.874***	0.356***	0.101*	0.203***	0.0565**
	(0.161)	(0.0894)	(0.061)	(0.057)	(0.0272)

续表

变量	亩均种苗投入	亩均肥料投入	亩均机械和灌溉投入	亩均物质资本投入1	亩均物质资本投入2
	(1)	(2)	(3)	(4)	(5)
outincome	-0.012*	-0.0097**	0.0043**	-0.0049*	-0.0053**
	(0.0058)	(0.0043)	(0.0021)	(0.0031)	(0.0044)
常数项	6.957***	5.718***	5.508***	6.666***	7.245***
	(1.144)	(0.754)	(0.496)	(0.453)	(0.375)
观测值	385	385	385	385	419
R^2	0.3374	0.3002	0.2782	0.2374	0.3701

注：括号内为标准误，* $p<0.1$，** $p<0.05$，*** $p<0.01$。

从上述回归结果发现：①耕地地力保护补贴对亩均肥料投入的影响最大，回归系数为0.178，其次是对亩均种苗投入（0.0855），最后是对亩均机械和灌溉投入（0.0375）。②适度规模经营补贴，三大物质资本投入的弹性系数大小依次为亩均肥料投入、亩均机械和灌溉投入、亩均种苗投入。这表明，无论是耕地地力保护补贴还是适度规模经营补贴，稻作大户对肥料投入最敏感，因为与其他投入相比，肥料投入与单产直接挂钩，在粮食价格相对稳定的环境下，增产即增收。这说明农业支持保护补贴实际上仍然是"穿新鞋走老路"，无法对规模经营主体形成有效激励。③就亩均物质资本投入而言，适度规模经营补贴对亩均物质资本投入的影响要大于耕地地力保护补贴（0.118＞0.0961）。这表明补贴对农户生产资料投入的外部刺激存在差异。因补贴力度差异，亩均适度规模经营补贴比耕地地力保护补贴额度高。④就农业支持保护补贴而言，其对亩均物质资本投入影响的弹性系数为0.103，再次表明农业支持保护补贴有利于刺激农户增加农业生产资料投入。⑤其他控制变量，年龄与各类农业生产亩均物质资本投入基本呈现显著的倒"U"形关系，这与大多数劳动经济学领域的研究发现一致；农户外出务工兼业、自有耕地面积和外出务工收入均与各类农业生产亩均物质资本投入呈现基本显著的负向关系，这表明农户选择外出兼业的倾向性越大、自由耕地面积越多以及外出务工收入水平越高，农户增加农田各类物质资本投入的意愿越低。

五 回归结果的稳健性检验

通过计量实证检验，证明农业支持保护补贴以及差异化两类细分的补贴类型有利于刺激农户增加农业生产亩均物质资本投入，但是结果是否稳健可信？需要做如下讨论：①针对内生性问题带来的计量回归扰偏性影响，农业支持保护补贴对水稻种植亩均物质资本投入的影响，理论上并不存在反向因果关系，因为农业支持保护补贴由政府根据种粮亩数和相应补贴目的进行设定，并不受水稻种植亩均物质资本投入的直接影响。再者，增加了影响农业生产亩均物质资本投入的相关控制变量，以求尽可能地规避遗漏变量问题导致的内生性干扰。②从三个方面对上述基准回归结果的稳健性进行检验，其一，以"亩均劳动投入"替换"亩均物质资本投入"，以之作为被解释变量。因为种粮大户在进行农业生产时，需要雇用劳动力，作为一种农业生产要素投入，设置农业支持保护补贴为核心解释变量，得到表 5.3 中的第（1）列回归结果。其二，农业支持保护补贴越合理，种粮农户对其满意度越高，故分别用"补贴发放金额满意度"和"补贴总体情况满意度"两个指标分别代替"农业支持保护补贴"作为核心解释变量，以"亩均物质资本投入"为被解释变量，得到表 5.3 中的第（2）和第（3）列计量回归结果。其三，考虑到本书截面微观调查数据可能存在的异方差性问题，本书再次以加权最小二乘法（WLS）重复表 5.2 中模型（5）的计量回归流程，得到表 5.3 中的第（4）列计量回归结果。计量回归结果如表 5.3 所示。

表 5.3 农业支持保护补贴对物质资本投入影响的稳健性检验

变量	亩均劳动投入	补贴发放金额满意度	补贴总体情况满意度	加权最小二乘法
	（1）	（2）	（3）	（4）
农业支持保护补贴	0.129**			0.133***
	(0.0114)			(0.0310)
对补贴发放金额满意度评价		0.0229*		
		(0.0135)		
对补贴总体满意情况			0.0245*	
			(0.0146)	
控制变量	YES	YES	YES	YES
常数项	5.269***	6.705***	6.663***	7.155***
	(0.983)	(0.337)	(0.329)	(0.551)
R^2	0.2718	0.2437	0.2442	0.3158
观测值	419	419	419	419

注：括号内为标准误，* $p<0.1$，** $p<0.05$，*** $p<0.01$。

表5.3中的计量回归结果中，第（1）列回归结果表明，农业支持保护补贴有利于激励农户雇用劳动力参与生产，这结果与支持补贴对其他物质资本投入的影响具有内在一致性。第（2）和（3）列回归结果表明，农户对农业支持保护补贴金额和总体情况越满意，农户对物质资本投入的积极性就越高。第（4）列结果表明，即使考虑到异方差问题的干扰，农业支持保护补贴对种粮农户的亩均物质资本投入的正向影响也在1%的显著性水平下成立。因此，农业支持保护补贴对农户亩均物质资本投入的正向激励研究结论是稳健的。

为深入研究稻作大户投入行为可能存在的差异，本书试图从资源禀赋视角和经营规模差异视角进行研究。

1. 资源禀赋视角

稻作大户的年龄、受教育程度以及流转耕地的面积都对农户本身的农业种植投入行为选择有差异化的影响。具体来看，如下。①年龄相对较小的种粮农户，亩均物质资本投入的行为选择对农业支持补贴的敏感性相对要高于年长者。根据表5.2中基准回归分析中的年龄拐点，以50岁为分界线，对样本分组回归，得到表5.4中的第（1）、（2）列。结果表明：50岁及以下农户亩均物质资本投入对适度规模经营补贴的敏感性要高于50岁以上农户，但是其对耕地地力保护补贴的敏感性则要低于50岁以上农户。这表明，适度规模经营补贴对年轻农户的农业生产投入更具激励性，但耕地地力保护补贴对年长农户的农业生产投入更具激励性。②人力资本水平对农户的生产投入行为具有显著影响，表5.4中第（3）、（4）列分别为初中及以下和初中以上受教育程度的水稻种植农户的计量回归结果。结果表明：适度规模经营补贴对农户物质投入的影响随着农户的受教育程度提高而提高，这与前文基准回归的结论一致，但是文化程度越高，耕地地力保护补贴对种粮农户物质资本投入正向激励却成倍数增加（0.156＞0.0709），这表明文化程度在耕地地力保护中具有明显的促进作用。③基于流转面积分三组进行回归分析，如表5.4中第（5）～（7）列，分别以200亩和500亩为界，确定耕地流转规模区间。结果表明：流转面积增大，耕地地力保护补贴对农户亩均物质资本投入的影响激励开始递减（0.0961＞0.0878＞0.0455），表明耕地经营规模扩大后农户存在使用不注重耕地地力和生态保护的粗放式经营方法。但适度规模经营补贴对农户物质资本亩均投入的影响激励却存在递增趋势（0.244＞0.167＞0.118）。这进一步表明，当前我国农村土地流转更偏向于追求规模经济效应而忽视耕地质量和地力保护。

表5.4 基于资源禀赋视角的农业支持保护补贴对物质资本投入影响分析

变量	水稻种植农户年龄		受教育程度		流转面积		
	≤50	＞50	<=3	＞3	≤200	(200,500]	＞500
	（1）	（2）	（3）	（4）	（5）	（6）	（7）
耕地地力保护补贴	0.0924***	0.118***	0.0709**	0.156***	0.0961***	0.0878***	0.0455*
	(0.0351)	(0.0431)	(0.0312)	(0.0556)	(0.0262)	(0.0323)	(0.0231)
适度规模经营补贴	0.119***	0.0972**	0.142***	0.1550**	0.118***	0.167**	0.244**
	(0.0353)	(0.0417)	(0.0317)	(0.0503)	(0.0259)	(0.0690)	(0.120)
控制变量	YES	YES	YES	YES	YES	YES	YES

续表

变量	水稻种植农户年龄		受教育程度		流转面积		
	≤50	>50	<=3	>3	≤200	(200,500]	>500
	(1)	(2)	(3)	(4)	(5)	(6)	(7)
常数项	6.621***	9.451***	7.055***	5.931***	7.241***	6.666***	2.382
	(1.022)	(2.227)	(0.520)	(1.011)	(0.608)	(0.453)	(5.745)
观测值	192	193	259	126	240	101	44
R^2	0.5775	0.4787	0.6873	0.5579	0.4315	0.5374	0.6696

注：括号内为标准误，* $p<0.1$，** $p<0.05$，*** $p<0.01$。

2. 经营规模差异视角

正如前文所述，农户耕地总面积不同，其获得的农业支持性保护补贴数额，尤其是对农业生产具有更大正向激励作用的规模种植大户补贴的影响也就不尽相同，当面对不同程度的规模种植大户补贴激励时，农户的耕地亩均物质资本投入有什么非线性变化趋势？这是本节主要考虑的问题，并用分位数回归方法予以实证分析。首先，为做对比分析，我们将表5.2中的第（4）列计量回归结果复制在表5.5中的第（1）列，其次，本书将农业规模种植大户补贴金额设定为0.2、0.4、0.6和0.8共四个分位点，根据计量实证模型，得出表格5.5中的后四列计量回归结果。第（1）列种粮大户补贴对亩均物质资本投入的弹性系数是0.118，这是线性回归系数概念，但是种粮大户补贴金额所在的分位区间不同时，其对亩均物质资本投入的非线性影响却不尽相同，具体来看，从规模种植大户补贴的不同分位点看，规模种植大户补贴对流转耕地总面积处于中间段的规模种植农户的激励作用最强,当流转耕地面积超过 0.6 分位点①,这种正向激励机制开始锐减,甚至低于 0.2 分位点的刺激作用(0.0609<0.128)。这表明,当前农业规模种植,不宜过量追求种植规模,否则易形成粗放式经营,并使亩均物质资本投入减少。至于耕地地力保护补贴,因为表 5.5 中的分位点是按照规模种植大户补贴金额予以划分的,故其分位点不再具有非线性差异的影响关系,唯一能说明的是其对亩均物质资本投入具有正向促进作用。

表 5.5　农业支持保护补贴对物质资本投入影响的分位数回归分析

变量	标准 OLS 模型 (1)	0.2 分位点 (2)	0.4 分位点 (3)	0.6 分位点 (4)	0.8 分位点 (5)
lntotaldhsubsi	0.118***	0.128***	0.133***	0.151***	0.0609*
	(0.0259)	(0.0322)	(0.0442)	(0.0303)	(0.0334)
lntotalgdsubsi	0.0961***	0.118***	0.109***	0.0941***	0.059*
	(0.0262)	(0.0431)	(0.0314)	(0.0295)	(0.0326)
常数项	6.666***	7.166***	6.954***	6.907***	6.212***
	(0.453)	(0.658)	(0.479)	(0.451)	(0.498)
控制变量	YES	YES	YES	YES	YES
观测值	385	385	385	385	385
Pseudo R^2	0.2374	0.3358	0.4611	0.2643	0.2921

注:括号内为标准误, * $p<0.1$, ** $p<0.05$, *** $p<0.01$。

---

① 规模种植大户补贴主要根据耕地面积来予以确定,其中耕地面积对于规模种粮大户来说,流转耕地面积又占很大比例。

六 本章小结

本章基于湖南省419户稻作大户的微观调查数据，研究农业支持保护补贴对稻作大户生产投入行为的影响，研究发现如下。

（1）耕地地力保护补贴和适度规模经营补贴均对稻作大户的亩均物质资本投入具有正向的激励作用，但后者补贴的正向激励作用更大，经过稳健性检验，结论仍成立。

（2）在资源禀赋方面：一是适度规模经营补贴对年轻农户的农业生产投入更具激励性，但耕地地力保护补贴对年长农户的农业生产投入更具激励性；二是稻作大户教育水平越高，适度规模经营补贴和耕地地力保护补贴正向作用越大；三是流转面积越大，耕地地力保护补贴对农户亩均物质资本投入的激励开始下降，而适度规模经营补贴对农户物质资本亩均投入的激励逐步上升。

（3）在经营规模方面：补贴对要素投入的正向激励程度存在差异，当流转面积处于中等规模时，对农户正向激励作用最强，当流转面积超过0.6分位点时，正向激励作用开始锐减。

基于上述研究结论，得出以下政策启示：第一，耕地地力保护补贴和适度规模经营补贴都不同程度强化了农户的要素投入行为，需要引导稻作大户实现由增产型要素投入向绿色、生态、有机型要素投入转变；第二，通过继续教育、技能培训等方式，提高稻作大户的政策认知水平；第三，坚持以适度规模经营，防止片面追求规模化。

第六章
价格补贴对稻作大户生产行为的影响

上一章分析了直接补贴对稻作大户生产行为的影响，本章分析价格补贴对稻作大户生产行为的影响。价格补贴在我国主要是指最低收购价政策和临时收储政策，因本书研究的主体为稻作大户，与其密切相关的价格补贴主要是最低收购价政策。粮食最低收购价是我国粮食宏观调控的重要政策工具，在当前"去库降本"和"提质增效"背景下，粮食最低收购价调控已成为粮食价格体系改革的主要着力点，但农户行为对政策的响应程度决定了其效能作用的空间。因此，本书以湖南省为例，以稻作大户种植结构调整行为为切入点，通过 61 个村 188 户稻作大户的微观调查，研究粮食最低收购价下调对稻作大户生产决策行为的影响。

一 最低收购价政策的实施

随着国际市场开放程度的不断加深，国际粮食价格对国内粮食市场的冲击不断加大，国内外粮食价差引起国产粮食入库数量不断增加（辛翔飞等，2018）。同时，经济发展步入新常态，农民持续增收乏力。党的十九大报告明确提出要把中国人的饭碗牢牢端在自己手中，并提出了新常态背景下的国家粮食安全战略。粮食最低收购价政策是我国粮食宏观调控的重要政策工具，是以保护农民利益、保障粮食市场供应为目的而实施的粮食价格调控政策（程国强、朱满德，2013）。我国在2004年和2008年先后推出了最低收购价政策和临时收储政策等"托市"政策来调动农民生产的积极性，粮食产量得到稳步提升。但粮食最低收购价政策的实施也带来了一系列弊端，如政策性收储粮食的仓容不足、国家财政负担加重和陈化粮风险加大等难题不断出现，也给利用国内原粮加工经营企业带来生存发展困难（高鸣等，2018）。同时，近年来粮食生产也面临"三量齐增"（产量、库存量及进口量）和"三本齐升"（物质成本、人工成本、土地成本）的困境（罗必良，2017）。为了实现短期的"去库降本"及长期的"降本增效"，在过去一段时间内实施的粮食价格市场化改革，取得了一定的成效（徐田华，2018）。

2014~2016年，我国对粮食（大豆、小麦、玉米、稻谷等）价格支持机制进行了一系列改革，如2014年中央率先对棉花和大豆收储价格机制进行改革试点，2016年对大豆品种实施"市场化收购"加"补贴"的机制。2016年，在东北实施玉米生产者补贴，开启了粮食品种的价补分离，同时取消了实施8年的玉米临时收储政策，开始执行"市场化收购"加"补贴"的新机制。水稻作为口粮，关系着我国的口粮安全和粮食安全问题，2016年国家首次下调实施14年的稻谷最低收购价。随着市场化的推进及粮食供求结构的变化，2017年11月10日《国家发展改革委关于全面深化价格机制改革的意见》正式发布，要继续完善稻谷和小麦最低收购价政策。

新形势下，粮食政策的调整既要保护农民种粮积极性，也要探索完善"市场定价、价补分离"政策。积极应对当前"去库存"难题，对重点农产品实施有效的进出口调控，在开放的市场条件下"调结构、转方式"是实现农业供给侧改革的重要议题。如何完善水稻收储价格的市场化机制，引导农户根据市场需求调整种植结构，对于保障粮食安全至关重要。湖南省作为稻谷价格收储制度改革最先试点的地区之一，以水稻种植为主，本书通过对湖南省188户稻作大户的微观调研数据，试图探讨当前稻谷最低收购价政策下调对稻作大户种植结构调整行为的影响，为水稻收储制度改革以及"价补分离"政策的实施寻求支撑，对于推进农业供给侧结构性改革具有一定的现实意义。

二 稻谷最低收购价政策调整对种植结构影响的机理分析

粮食最低收购价政策是国家调控粮食市场供求平衡、保障农户利益的重要政策工具，粮食最低收购价政策的变化与农户种植结构调整行为之间存在一定联系。

1. 最低收购价政策设计的初衷与争议

为了调动农户从事农业生产的积极性和推动农业繁荣发展，我国自2004年开始实行粮食最低收购价政策。自2008年起，国家连续提高水稻最低收购价，对种粮农民形成了正向激励，粮食产量不断增加。最低收购价政策是基于市场机制实施的宏观调控手段，即国家每年在综合考虑粮食生产成本、市场供求状况、国内外市场价格和产业发展等因素的基础上，确定粮食最低收购价水平并制定相应的执行预案来引导农民合理种植，促进粮食生产的稳定发展。当市场价格高于国家的托底价格时，执行预案不会启动，粮食收购价格由市场供求形成，各类收购主体按照市场粮价自行收购，例如2004年和2005年由于粮食价格高涨，最低收购价并未启动；当市场价格低于国家的托底价格时，托市预案便会启动，政策执行主体中国储备粮管理总公司及其委托的公司按照最低收购价收购粮食，其他粮食企业也随行就市进行收购。可见，粮食最低收购价实行的初衷，是在保护农民利益的同时能引导农民合理调整粮食种植结构。

有关粮食最低收购价的政策效果研究与政策实施走向争议如下。在稻谷主产区，政府每年公布的稻谷最低收购价能够有效促进当地农户增加水稻种植面积（李丰、胡舟，2016）。实行粮食最低收购价对粮食种植面积具有正向促进作用，且该项政策在稻谷市场中起到价格主导作用（万晓萌、周晓亚，2018）。虽然从本质上看最低收购价政策会扭曲粮食市场效应，但实行此项政策是保障国家粮食安全、国家战略发展的需要（李国祥，2016）。但同时该政策的实施也产生了国内外粮食价格倒挂等问题（冯海发，2014），有学者主张最低收购价应该向目标支持价格过渡（崔奇峰等，2016）。水稻作为口粮品种，政策调控的实施要十分谨慎。从2016年开始，水稻最低收购价出现持续小幅度下调，对种粮大户的收益造成一定的影响。因此，有学者认为国家对稻谷和小麦在坚持最低收购价的基础上，还要合理对其价格进行有序预期调整（孔祥智，2017）。

习近平总书记在党的十九大报告中指出，"发展多种形式适度规模经营，培育新型农业经营主体"是实施乡村振兴战略的重要组成部分。据农业部统计数据，截至2016年6月底，全国承包耕地流转面积达到4.6亿亩，占家庭承包耕地总面积的35%左右，在东部沿海部分地区，流转比例已经超过1/2。全国经营耕地面积在50亩以上的规模经营农户超过350万户，经营耕地面积超过3.5亿多亩，这一趋势在未来依然会延续。当前农业生产和经营的形式已经发生了明显变化，目前大部分计量实证研究的主体是小农户，因此可能无法反映稻作大户的生产行为变化。因为不同类型农业补贴是影响农业生产和农户生产行为的重要因素（钟春平等，2013），基于此，本书将考虑增加不同类型补贴对稻作大户生产行为的影响。

2. 最低收购价政策与种植决策行为研究

程国强将中国农业补贴分为三种类型——价格补贴、直接补贴和服务性支持，其中，最低收购价政策属于价格补贴（柯柄生，2018）。农业补贴对农户生产行为的影响是科学评价粮食补贴效果的前提（吴连翠，2011），所以，研究最低收购价政策对农户生产行为的影响是科学评判该政策实施效果的重要依据。在作用机理方面，已有研究认为农业补贴政策通过影响农业产出的期望收益来改变农户的生产决策行为（吴银毫、苗长虹，2017）。具体而言，农业补贴政策对农户生产决策行为的影响主要体现在农户投资行为（Anderson et al.，2010）、农户种植行为（吕新业、胡向东，2017）、农户劳动时间配置行为（Burfisher、Hopkins，2005）等方面。关于农业补贴与农户生产行为的研究，农业补贴调节了以粮食生产为主要收入来源的农户的粮食种植决策行为，提高了农户粮食生产的积极性，一定程度上扩大了粮食种植面积（刘克春，2010；黄季焜等，2011）。而相比小农户，当稻谷最低收购价下调时，稻作大户所遭受的损失会随着耕地面积的扩大而加大，因此，如何更好地支持农业适度规模经营主体，发挥其带动小农参与农业现代化进程的优势，对现有补贴政策进行调整优化具有现实重要意义（汤敏，2017）。

3. 稻农种植结构调整行为的影响因素研究

曾福生、戴鹏（2012）认为农户种粮行为的选择受资源禀赋、心理认知和种粮收益三大类因素的影响。仇童伟、罗必良（2018）提出了中国小农的种粮逻辑，即通过要素配置、地权预期、分工深化三个方面共同作用，是一种内生的执行机制，并非由农业税减免和农业补贴政策直接诱导的结果。上述文献研究从资源禀赋、劳动力投入以及要素配置的角度研究了对种植结构调整的影响，本书基于前人研究，试图研究补贴对稻作大户种植结构调整的影响。伴随农地流转规模的扩大，小农和规模农户的

125

种植结构调整的难易程度是不一致的，因为家庭个体从事自有土地的农业生产时，农地规模较小，在面对粮食市场价格波动情况时，能够轻易迅速地调整自己的农作物生产结构，成功规避收入损失风险的可能性大，且小农户粮食生产更多追求的是口粮需求，对市场价格的敏感度低于稻作大户。对于稻作大户而言，农地流转规模较大，伴随其投入的不断增加，当面对粮食最低收购价下调的"刹车"时，其粮食生产具有"惯性"，稻作大户调整其种植结构的难度相对较大。流转契约关系以及资产专用性的双重约束，容易产生租金的"沉默成本"以及农机设备闲置的"隐性损失"，这些因素限制了稻作大户转变生产结构的机动性和灵活性，增加了政策调控的难度。本书运用微观调研数据，分析最低收购价下调的现实政策背景对稻作大户种植结构的影响。

三 数据来源及模型构建

1. 数据来源

本书数据来源于2018年8月课题组在湖南省宁乡县、湘潭县和桃源县等3个省内产粮大县开展的实地调查，每县抽取2~3个乡镇，共涉及9个乡镇61个村，每个县随机抽取70户30亩以上的稻作大户进行问卷调查[①]。共计发放213份问卷，在剔除

[①] 本书选取30亩以上作为规模经营的标准是根据湖南省发放适度规模经营补贴的标准来确定。

非农生产决策者和无效生产者（比如，问卷填写者为未成年人和无劳动能力成年人）问卷后，共回收有效问卷188份，有效问卷回收率为88%。

如表6.1所示，展示了样本的分布状态。在个体特征方面，样本农户平均年龄为51.1岁，最大年龄为77岁，最小年龄为30岁；户均流转耕地规模为180亩，最大值为2005亩，最小值为30亩；关于文化教育水平，小学及以下文化水平的大户占20.8%，初中占比最大，达51.6%，高中/中专占比25.5%，大专及以上占比最小，仅2.1%；在整个样本农户中，曾经担任过村干部的仅16户；分析样本农户的种植结构，只种水稻的大户为118户，除了水稻种植还兼养殖业的农户为66户；分析稻作大户的售粮行为，有179户是将粮食销售给商贩或加工厂，可见稻作大户粮食交易95.2%的以市场化收购为主。分析样本农户的组织化程度可以发现，在样本农户中，有84户加入合作社，占比44.7%，某种程度上反映了稻作大户的经济组织能力在不断增强。

表6.1 稻作大户样本数据分布情况

年龄	户数（户）	占比（%）	面积	户数（户）	占比（%）	文化水平	户数（户）	占比（%）
35岁及以内	7	3.7	30~50亩	34	18.1	未上过学	8	4.3
36~45岁	34	18.1	51~100亩	56	29.8	小学	31	16.5
46~55岁	106	56.4	101~150亩	30	16.0	初中	97	51.6
56~65岁	32	17.0	151~200亩	14	7.4	高中/中专	48	25.5
66岁及以上	9	4.8	200亩以上	54	28.7	大专及以上	4	2.1

2. 数据处理

本书主要聚焦论证稻谷最低收购价变化对稻作大户农业生产结构调整的影响。第一，针对被解释变量，本书主要聚焦稻作大户种植结构变化。其中，稻作大户种植结构变化用以下问题来刻画：当农产品最低收购价发生变化时，稻作大户的水稻种植结构是否会发生变化，具体来说，当稻谷最低收购价降低时，稻作大户如果选择改种其他经济作物或农作物，定义为1，否则为0，其中将"不知道"定义为缺失值。第二，针对核心解释变量，主要是稻谷最低收购价的变化状况。对此，可以将稻作大户种植结构调整行为理解为一种预期（对应2019年的种植结构变化情况），这种变化情况受到以往稻谷最低收购价的变化状况及2018年其他相关因素的影响。所以，以2018年稻作大户面临的稻谷最低收购价与2017年其相应的稻谷最低收购价的比值来衡量，更进一步，将这一价格比值大于1，取值虚拟变量0，表明收购价格上涨，而小于1时，取值虚拟变量1，表明收购价格下降。同时，为了证明回归结果的稳健性，以相同的处理方法，取市场收购价格变化虚拟变量（下降定义为1，否则为0）[①]。第三，农户的水稻种植行为还受到其他一系列相关因素的影响。具体如下。其一，农业补贴是影响稻作大户生产行为的重要因素，这里

---

① 根据微观数据，稻作大户粮食交易95%以上选择市场化收购，一般情况下稻谷市场收购价与国家最低收购价具有同向变动特征。为此同步考虑本地稻谷市场收购价的影响。

有耕地地力保护补贴、适度规模经营补贴和是否有农机购置补贴（有补贴定义为虚拟变量1，否则为0），其中针对"是否有农机购置补贴"变量数据，问卷中有"您家农机都有哪些？（1＝机引农具；2＝拖拉机；3＝耕田机；4＝插秧机；5＝收割机；6＝烘干机）"，同时参考问卷中"您买农机总共花了多少钱？"，将买农机总花费为正值且农机不包含机引农具的定义为1，否则为0，从而生成虚拟变量"是否有农机购置补贴"。其二，稻作大户保本价格（问卷中"您今年的保本价是多少，每亩地多少元？"），是否有农业贷款（是＝1，否则＝0），水稻种植经验（问卷中"您种水稻有多少年了"），是否加入农业合作组织（问卷中"您加入合作社了吗"，是＝1，否则＝0），是否有土地流转（问卷中"您家有流转耕地吗"，有＝1，否则＝0），农户家庭年收入（问卷中"您家一年收入大概有多少？5万元以下＝1；5万～10万元＝2；10万～20万元＝3；20万元以上＝4"）及农户兼业与否（问卷中"除了种粮食，您还做别的工作吗？只种粮食＝1，有别的工作但不是打工＝2，打工＝3"，定义只种粮食＝0，其他＝1，这意味着农户兼业＝1，否则＝0），上述变量均会对稻作大户的农业生产行为产生影响，我们在计量回归中，需要对上述变量进行控制。其三，稻作大户个体的一些特征因素也会对其农业生产行为产生影响，主要有：受访者年龄，受访者是否户主（是＝1，否则＝0），受访者受教育程度（问卷中"您的文化程度是？文盲及半文盲＝1，小学＝2，初中＝3，高中及以上＝4"），在计量回归中，同样需要对上述变量进行控制。以上变量的描述性统计如表 6.2 所示。

表 6.2 变量描述性统计

变量	经济含义	观测值	均值	标准误差	最小值	最大值
otherzw	稻作大户种植结构变化	184	0.288	0.454	0	1
gopriceor	稻谷最低收购价变化	188	0.824	0.381	0	1
mapriceor	稻谷市场收购价变化	188	0.846	0.362	0	1
gddlsubs	耕地地力保护补贴（千元）	188	0.804	0.508	0	3.5
zldhsubs	适度规模经营补贴（千元）	188	9.849	23.37	0.3	248.3
lnbbprice	稻作大户保本价格（元/亩）对数	188	6.837	0.304	4.605	7.65
agrimachor	是否有农机购置补贴	188	0.649	0.479	0	1
huzhu	受访者是否户主	188	0.936	0.245	0	1
age	受访者年龄	188	51.23	8.844	30	77
educa	受访者受教育程度	188	2.995	0.777	1	4
ptjob	受访者是否兼业	188	0.426	0.496	0	1
ftincome	农户家庭年收入	188	2.144	1.027	1	4
lrlandor	农户家庭是否有流转耕地	188	0.867	0.340	0	1
lnlrzujin	流入耕地的租金（元/亩）对数	188	5.470	0.482	4.605	6.397
riceyear	稻作大户水稻种植经验	188	9.24	14.78	1	53

续表

变量	经济含义	观测值	均值	标准误差	最小值	最大值
orgnization	是否加入农业合作组织	188	0.415	0.494	0	1
nydkor	是否有农业贷款	187	0.134	0.341	0	1

3. 模型构建

为检验稻谷最低收购价变化对稻作大户生产结构调整行为的影响，将被解释变量定义为"稻作大户农业生产行为是否发生变化"为 0~1 型二值变量，故构建离散型选择模型。要研究在稻谷最低收购价发生变化时，稻作大户水稻种植面积发生相应变化的条件概率，Logit 回归模型可以达到目的，具体设定形式如下。

$$p(y_i | x_i) = F(x,\beta) = \frac{\exp(x'\beta)}{1 + \exp(x'\beta)} \quad (6-1)$$

其中，$p = p(y_i | x_i)$，表示稻作大户在稻谷最低收购价下降条件下，改种其他农作物的条件概率，其中 x 包含一系列解释变量和控制变量，其中核心解释变量为稻谷最低收购价的两年期变化状况。对公式（6-1）进行改写，如下。

$$\log\left(\frac{p}{1-p}\right) = x'\beta \quad (6-2)$$

上式中，$\frac{p}{1-p}$ 代表稻作大户改种其他农作物是不改种其他农作物的倍数。假设 x_i 增加 1 单位，对应稻作大户改种其他农作

物的概率是 p^*，则"稻作大户改种其他农作物是不改种其他农作物的倍数"在 x_i 变化前后的比值为：

$$\frac{p^*/(1-p^*)}{p/(1-p)} = \exp(\beta_i) \quad (6-3)$$

上式中，$\exp(\beta_i)$ 在计量经济学中称为"概率比"，表示"稻作大户改种其他农作物是不改种其他农作物的多少倍"，其含义是解释变量变化 1 单位导致概率比变化的倍数。最终，我们结合本书的研究内容，对变量进行取舍后，用于参数估计的模型定义如下。

$$\log(\frac{p_i}{1-p_i}) = \beta_0 + \beta_i \times gopriceor_i + \sum_j \beta_j \times x_j + \mu_i + \xi_i \quad (6-4)$$

上式中，p_i 表示稻作大户在稻谷最低收购价下降条件下改种其他农作物的概率，$gopriceor_i$ 表示核心解释变量"稻谷最低收购价的变化状况"，x_j 表示一系列已在上文描述性统计中说明的控制变量，μ_i 表示个体特征，本书中将设置村组级别的个体虚拟变量予以控制，ξ_i 表示误差项。

四 模型估计结果与分析

1. 稻谷最低收购价变化对稻作大户种植结构调整的影响

此节，我们聚焦数据计量论证最低收购价变化是否对稻作大户的农业种植结构产生影响。对此，其一，以最低收购价变化为核心解释变量,以农户种植结构变化为被解释变量,控制耕地地力保护补贴变量、适度规模经营补贴变量、稻作大户保本价格变量、农机购置补贴变量以及其他相关控制变量,并控制村组虚拟变量,以方程(6-4)为基准,得到模型1。为了检验计量回归结果的稳健性,我们将核心解释变量替换成水稻市场价格变化变量,其他重复模型1的回归流程,得到模型2;同时,在模型2所有变量均不变的基础上,以Probit模型重复做计量回归,得到模型3;最后,在模型3的基础上,进一步转换为OLS线性概率模型回归,得到模型4。上述计量回归结果如表6.3所示。

表6.3 稻作大户种植结构变化状况

变量	模型1	模型2	模型3	模型4
最低收购价变化 (gopriceor)	-3.569*** (1.137)		-2.137*** (0.630)	-0.298** (0.140)
水稻市场价变化 (mapriceor)		-4.607*** (1.788)		
耕地地力保护补贴 (gddlsubs)	-2.244* (1.147)	-2.455** (1.209)	-1.282** (0.618)	-0.0201 (0.100)
适度规模经营补贴 (zldhsubs)	-0.135* (0.073)	-0.191** (0.0915)	-0.0785** (0.0401)	0.0036 (0.0086)
稻作大户保本价格 (lnbbprice)	5.416*** (2.025)	9.734** (3.935)	3.252*** (1.142)	0.186 (0.186)
农机购置补贴 (agrimachor)	6.798*** (2.011)	9.512*** (2.776)	3.997*** (1.047)	0.333*** (0.126)

续表

变量	模型1	模型2	模型3	模型4
户主 （huzhu）	3.246* (1.775)	4.035** (1.990)	1.905** (0.957)	0.281 (0.202)
年龄 （age）	0.108* (0.0597)	0.109* (0.0718)	0.0633* (0.0337)	0.00255* (0.008)
受教育水平 （educa）	-0.597 (0.579)	-1.010* (0.573)	-0.354 (0.324)	-0.0098 (0.0767)
是否兼业 （ptjob）	4.022*** (1.350)	6.638*** (1.831)	2.344*** (0.735)	0.196 (0.120)
农户家庭年收入 （ftincome）	0.519 (0.654)	0.701 (0.644)	0.305 (0.344)	-0.0343 (0.0572)
是否有土地流转 （lrlandor）	-1.176 (1.341)	-1.963* (1.097)	-0.726 (0.649)	-0.115 (0.188)
土地流转租金 （lnlrzujin）	1.279 (1.245)	2.403* (1.329)	0.804 (0.740)	0.0044 (0.185)
水稻种植年限 （riceyear）	0.0252 (0.0359)	0.0808* (0.0443)	0.016 (0.0182)	0.0043 (0.0048)
是否加入农业组织 （orgnization）	2.483** (1.102)	2.756** (1.220)	1.437** (0.575)	0.105 (0.140)
是否有农业贷款 （nydkor）	0.0346 (1.200)	-2.344 (2.201)	0.0915 (0.693)	0.0783 (0.157)
村组虚拟变量	控制	控制	控制	控制
常数项	-59.50*** (17.97)	-101.7*** (36.48)	-35.79*** (10.50)	-1.514 (1.890)
Pseudo R^2	0.4582	0.4821	0.4629	0.6310（R^2）

注：括号内为系数标准误，* $p<0.1$，** $p<0.05$，*** $p<0.01$；所有数字，最多保留4位有效小数；上述模型均控制异方差稳健标准误差。

首先,从模型 1 可知最低收购价变化变量的系数为 -3.569,说明当稻谷最低收购价降低时,稻作大户"不选择少种水稻而改种其他农作物"是"选择少种水稻而改种其他农作物"选择行为概率的 3.569 倍,这表明稻谷最低收购价降低时,稻作大户并不倾向于降低水稻种植面积而改种其他农作物。其次,从模型 1~模型 4 结果可知,耕地地力保护补贴和适度规模经营补贴的系数均为负数,这说明补贴对稻作大户的种植结构调整行为具有"抑制作用"(下文将详细论证)。限于篇幅其他控制变量的影响不再赘述。此外,从模型 1~模型 4 的各个变量系数的正负及统计显著性可知,结果相对来说不受模型和核心解释变量变化的影响,实证结果相对稳健可信。

2. "不变"的原因证明和解释

根据微观经济学供求理论,产品市场价格降低,生产者将相应改变自己的生产行为,降低该产品的生产产量。但我们并未得到与理论一致的结论。对此我们认为,针对适度规模经营主体的农业补贴在一定程度上能减缓因收购价下调带来的风险冲击和收入降低。为了论证上述原因,在公式(6-4)的基础上引入交互项,分别添加稻作大户水稻种植年限变量与稻谷最低收购价变化变量的交乘项、稻作大户耕地地力保护补贴变量与稻谷最低收购价变化变量的交乘项、稻作大户适度规模经营补贴变量与稻谷最低收购价变化变量的交乘项,其他条件不变时,进行 Logit 模型回归,分别得到模型 7~模型 9。进一步考察耕地地力保护补贴和适度规模经营补贴变量将模型 8 和模型

9的交互项合并,得到模型10。上述计量回归结果如表6.4所示。通过模型8和模型9相关核心解释变量及交互项变量的系数可知,其不仅满足统计显著性,而且其系数和为负值-1.695和-0.138,这证明了正是因为有耕地地力保护补贴和适度规模经营补贴的存在,稻谷最低收购价的下降才不会影响稻作大户的农作物种植结构;因此加大耕地地力保护补贴和适度规模经营补贴的力度,将有助于稻作大户抵御农作物市场价格波动带来的收入损失风险,从而保持粮食生产的积极性和粮食生产的稳定性,这在一定程度上为水稻实行"价补分离"提供了参考。

表6.4 种粮大户种植结构变化原因

变量	模型7	模型8	模型9	模型10
gopriceor	-4.743**	-5.660*	-4.355**	-6.138*
	(2.266)	(2.965)	(1.709)	(3.390)
riceyear	-0.0010	0.0235	0.0166	0.0121
	(0.0662)	(0.0384)	(0.0399)	(0.0405)
riceyear × gopriceor	0.0475			
	(0.0711)			
gddlsubs	-2.315*	-3.673*	-2.377*	-4.373**
	(1.308)	(1.971)	(1.225)	(2.146)
gddlsubs × gopriceor		2.836**		2.393*
		(1.211)		(1.597)
zldhsubs	-0.136*		-0.306*	-0.256*
	(0.0773)		(0.167)	(0.156)
zldhsubs × gopriceor			0.168**	0.130***
			(0.083)	(0.049)

续表

变量	模型7	模型8	模型9	模型10
连续和交互变量系数和	0.0456	-1.695	-0.138	-2.106
lnbbprice	5.469**	5.380***	5.276**	5.231**
	(2.156)	(2.035)	(2.063)	(2.060)
agrimachor	6.981***	4.741***	6.846***	6.525***
	(2.267)	(1.201)	(2.064)	(1.934)
huzhu	3.745**	3.452*	3.229	3.423
	(1.790)	(2.020)	(2.050)	(2.094)
age	0.110*	0.0444	0.121*	0.109*
	(0.0664)	(0.0552)	(0.0652)	(0.0630)
educa	-0.592	-0.708	-0.569	-0.574
	(0.595)	(0.539)	(0.599)	(0.595)
ptjob	4.158***	3.351***	4.177***	4.042***
	(1.520)	(1.039)	(1.371)	(1.217)
ftincome	0.426	0.0807	0.583	0.501
	(0.680)	(0.530)	(0.685)	(0.685)
lrlandor	-1.305	-0.833	-1.165	-1.046
	(1.436)	(1.424)	(1.326)	(1.351)
lnlrzujin	1.218	0.681	1.510	1.469
	(1.279)	(1.177)	(1.448)	(1.307)
orgnization	2.512**	1.900*	2.545**	2.357**
	(1.121)	(1.046)	(1.133)	(1.111)
nydkor	-0.0161	0.839	0.104	0.335
	(1.158)	(1.112)	(1.220)	(1.154)
村组虚拟变量	控制	控制	控制	控制
常数项	-58.81***	-48.25***	-59.94***	-56.84***
	(18.53)	(16.30)	(18.40)	(17.91)
Pseudo R^2	0.4631	0.4430	0.4607	0.4639

注：括号内为系数标准误，* $p<0.1$，** $p<0.05$，*** $p<0.01$；所有数字最多保留4位有效小数。

五 本章小结

本章基于湖南省61个村188户水稻规模种植农户的调研数据，以Logit模型证明，稻谷最低收购价下调暂时不会减少稻作大户的水稻种植面积。针对此结论产生的内在原因，本书进一步深入论证发现，以耕地地力保护补贴和适度规模经营补贴为代表的农业支持保护补贴能有效缓解因最低收购价下调带来的风险，从而对稻作大户为什么没有进行生产结构调整提供了解释和说明。调整稻谷最低收购价空间，引导农户调整其种植结构，是适应粮食市场化改革的要求，有利于缓解粮食收储的高库存压力和提高农产品竞争力。因此，针对上述研究结论，本书提出以下启示。

1. 完善粮食最低收购价政策

粮食最低收购价政策的初衷是托底粮价，保障农民种粮收益。因此，在农村土地流转背景下，相关部门应该考虑粮食生产成本、市场供求、国内外市场价格和产业发展等因素，合理调整最低收购价水平，让稻谷最低收购价政策既能保护种粮农民的利益，又能有效引导农户调整种植结构，适应市场的供求状态。

2. 探索"组合型"粮食宏观政策调控体系

一项政策如果赋予太多的政策目标，政策目标之间可能存在不兼容的情况，因此，需在确定调控目标之后，完善调控体系，探索形成农业支持保护补贴、最低收购价补贴、农业保险补贴等多种政策组合调控体系,确保粮食安全。

3. 政策的改革实施要提高稻作大户的生产积极性

首先,提高农户种粮的经济效益,减少因结构调整造成农机设备闲置的"隐性损失"和土地流转租金的"沉默成本"的冲击。其次,提高农业组织化程度,为实现小农与现代农业有机结合提供纽带。最后,通过不断完善农业社会化服务体系,进一步拓宽社会化服务新领域,支持多种形式的新型社会化服务,以解决稻作大户翻晒、仓储能力不足造成的霉变和其他损失。

4. 加强政策的宣传,注意政策制定的相对稳定,给农户充分的政策预期

此阶段最低收购价下调对种植结构的影响较弱,可能是因为时间较短、价格调整的幅度较小以及农户对政策响应的滞后反映等,未来,应加强政策宣传,提高新型职业农民对于补贴的深层次认知,积极发挥政策对生产的引导作用。

第七章
农业补贴政策优化方向

在前述章节分析了农业支持保护补贴政策和最低收购价对于农户生产行为的影响效果后，本章进一步研究如何优化我国农业补贴政策调控体系。本章主要分为三部分，首先，以美国、日本、欧盟为例简要归纳国外农业补贴政策发展脉络，以及农业支持水平，用以剖析政策未来的可能走向；其次，分析我国基于新常态背景下补贴政策调控的新思路；最后，借鉴国外农业补贴政策体系的经验，服从我国农业政策目标定位，立足我国国情与农业政策实际情况，从补贴政策调整空间、政策预期管理等角度思考如何进一步优化该项政策。

一 国外农业补贴政策的经验借鉴

1. 美国农业补贴政策的演变

美国是最早实施农业补贴的发达国家。1933 年，罗斯福政府制定的《农业调整法》，建立了以价格支持和限产措施为重点的农业补贴政策，这就是最早的农产品补贴政策。截至目前，美国农业补贴政策的实践已接近90年历史，美国已经形成了较完善的农业补贴制度，为其农业发展提供了很大的支持和保护。从以下美国颁布的法案来看，美国的农业补贴政策涵盖面广，既有专门针对农产品的补贴政策，又包括农产品贸易、食物、农业资源保护、农村金融、农村发展等方面的政策（黄玉屏、黄毅，2018）。

表7.1 美国农业补贴政策的演变

年份	法案名称	年份	法案名称
1933、1935	《农业调整法》	1981	《农业和食物法》
1941	《斯蒂格尔修正案》	1990	《食物、农业、资源保护和贸易法》
1948、1949、1956、1970	《农业法》	1996	《联邦农业完善和改革法》
1954	《农产品贸易发展和援助法》	2003	《农业援助法案》
1962、1965、1977	《食物和农业法》	2012	《农业改革、食品和就业法》
1973	《农业和消费保护法》	2014	《新农业法案》

注：其中《农业法》在1948年、1949年、1956年、1964年、1970年、2014年进行调整。

从美国和中国农业补贴政策发展阶段来看，美国农业补贴制度在不同的时期侧重点是不同的，早期以价格补贴为主，后来转为以收入补贴为主，到2002年处于价格补贴和收入补贴并存的

141

局面,这一政策根据美国社会经济和农业发展的形势不断作出调整。中国在农业政策的制定上,一开始就是将价格补贴和收入补贴同时进行调控,在补贴发展到一定阶段后,出现了政策的"溢出效应",同时为了应对国际环境,中国的农业补贴政策在2016年开始进行重大调整。

表7.2　农业补贴政策阶段对比

国家和地区	补贴阶段
美国	1. 以价格补贴为主导的阶段(1933~1995年) 2. 以收入补贴为主导的阶段(1996~2001年) 3. 以价格补贴与收入补贴共存的阶段(2002年至今)
欧盟	1. 以价格补贴为主阶段(1962~1992年) 2. 以价格补贴和直接补贴为主的阶段(1992~2000年) 3. 补贴制度调整阶段(2000年至今)
日本	1. 价格政策和结构政策(1961~1998年) 2. 山区半山区直接补贴,取消稻谷保护价收购改经营稳定对策(1999~2007年) 3. 取消户别收入补贴,重返经营稳定对策(2013年至今)
中国	1. 补贴流通环节阶段(1978~2003年) 2. 价格补贴和收入补贴共存阶段(2004~2016年) 3. 补贴制度深化改革阶段(2016年至今)

注：作者根据文献整理。

从农产品的总产量和出口量来看,美国是全球农业最发达的国家。发达的农业与农业政策的优化是密不可分的,尤其是美国政府对于粮食产业的支持和保护。美国粮食补贴政策主要有价格补贴、出口补贴、农业生产资料补贴、环境保护补贴、反周期补贴等（朱建房，2017）。美国农业补贴有以下特点：一是农业补贴的范围广，几乎涵盖了所有主要的农产品，这使美国农产品总体竞争力较强；二是美国政府的农业支持政策都是通过立法的形式确定并实施的，且法律可以根据具体情况及时修改；三是美国的农业补贴在分配上集中在主要农产品和大农场主上，这有利于提高大农场主的规模和竞争力。

2. 欧盟农业补贴政策的演变

欧盟是目前世界上最大的区域经济体，支持农业发展也是欧盟经济政策的重要内容。自1962年制定实施的共同农业政策（Common Agricultural Policy，简称CAP）开始，欧盟的共同农业政策一直是在不断改革的，主要经历了价格补贴到挂钩直接补贴再到目前的脱钩直接收入补贴阶段。

从1962年到20世纪90年代初，欧盟内部均实行高于市场价格的内部粮食市场价格支持制度。价格支持政策成为此阶段农业政策的核心，价格支持政策的目的是维护共同体内部价格的稳定以及保障生产者的基本收入水平。价格政策主要通过干预保护价格、门槛价格（即对欧盟以外国家设立的进入欧盟港口时的最低进口价）和目标价格实现。到2000年，欧盟对共同农业政策中价格支持相关政策进行了一系列改革，分步骤分阶段地削减对主要农产品的价格补贴政策，规定2000~2002年，对粮食的干预价格水平每年降低7.5%，对于支持价格降低对农民造成的损失，用直接补贴的方式进行弥补。由此补贴开始进入由价格补贴向直接补贴过渡阶段。

对比中国和欧盟的农业政策发展阶段可以发现，2000年以后，为了进一步实现共同的农业政策，欧盟将原来的农业补贴政策从干预农产品价格，延伸到区域间农业发展。为了配合欧共体加入世界贸易组织中农业谈判的需求，和吸纳东欧国家加入欧盟的需要，从2003年6月起，欧盟开始逐渐引进单一农业补贴计划，并最终在2005年正式实施。为了减少农业补贴对欧盟农产品生产质量的影响，新的农业补贴增加了环境保护、食品安全、动物权利等标准。同时欧盟也颁布了《2007～2013年农村发展条例》，建立了专门用于农村发展的"欧洲农业农村发展基金"。通过这次改革，农业地区发展补贴成为农业补贴政策的一个新的方向，主要有两个方面：一是欧盟确定了环境保护为新农业补贴政策体系的核心，并且建立了农业生产环境指标作为具体的奖励机制实行；二是欧盟确定了农业补贴政策的主要目标是调整农业生产价格、提高农业生产率。

3. 日本农业补贴政策的演变

日本人均耕地少，农产品大部分依赖进口，因此，为了保证本国国民的消费需求，日本政府一直十分重视农业的发展，粮食生产更是重中之重。

二战后的日本农业生产恢复缓慢，政府为了提高粮食生产能力，采取以价格支持为主的政策，为了保障战后粮食价格的稳定及保护消费者的利益，政府对粮食供需和粮食价格进行直接干预。1942年制定的《粮食管理法》，规定种粮者需强制上交除口粮以外的粮食，对消费者实施配给粮食，这一做法同新中国初期的计划经济时期的做法类似。1961年以后，日本制定了《农业基本法》（也称"旧基本法"），采取价格政策和结构政策。价格支持政策主要有保护价政策（粮食等）、稳定价格制度（猪肉、牛肉等）、价差补贴政策（大豆、油料等）、安定基金制度（蔬菜、鸡蛋等）。而结构政策主要支持农户的规模化经营，大力投入农业基础设施建设，但由于土地私有化性质和农户的兼业化现象，大规模经营之路十分曲折。随着时间的推移，这种政策导致财政负担过重，国内稻米产量过剩，价格下跌，农民的积极性受损，此时日本开始限制稻谷种植面积并减少补贴。1999年乌拉圭谈判结束后，为了履行合作协议，日本政府对价格支持进行改革，废除了旧基本法，出台了新的粮食法，加强粮食市场机制的作用。自新法后各种直接补贴政策逐渐取代了价格补贴政策。

通过分析日本农业补贴政策的演变之路，可以发现日本虽然人均耕地面积少，但是其早期就注重支持规模经营主体的培育，农业基础设施发展起步较早。同时日本比较注重农业生产主体的培育，针对45岁以下的农业生产者有专项补贴，鼓励年轻人投身农业生产，这在某种程度上刺激和保障了新型职业农民队伍的发展。

二　美国、日本和中国农业支持水平比较

各国学者和政策制度者衡量农业支持水平的方法主要有以下四种：①名义保护系数（Nominal Protection Coefficient，NPC），

它是自由贸易条件下农产品价格与国内价格之比；②OECD（1978）采用的农业总支持估计（Total Support Estimate，TSE），可将其分解为生产者支持估计（Producer Support Estimate，PSE）、消费者支持估计（Consumer Support Estimate，CSE）和一般服务支持估计（General Services Support Estimate，GSSE）；③有效保护系数（Effective Protection Coefficient，EPC）；④WTO最先设计的用于衡量成员国农业支持水平的综合支持量（Aggregate Measure of Support，AMS），逐渐成为各国在国际贸易谈判中度量与削减国内农业支持的主要指标依据。利用上述方法，许多学者对各国农业补贴水平进行了衡量：Gulati（1992）比较了37个国家和地区的农业补贴水平，日本在这些国家中农业保护水平最高。Young 等（2002）采用 AMS 方法比较分析了1998年欧盟、日本和美国的补贴水平，欧盟、日本和美国在WTO 成员方的国内支持中所占比重超过80%。

接下来主要运用OECD构建的生产者支持估计（PSE）、一般服务支持估计（GSSE）、农业总支持估计（TSE）等指标体系来分析主要国家农业政策的支持水平和效果。

1. 农业总支持估计

农业总支持估计主要是用于估计农业政策执行之后纳税人和消费者转移到农业部门的所有补贴。其中%TSE 是指 TSE 占GDP 的比重，数值越大说明农业支持力度越大，由此带来的财政负担也越重。通过查阅 OECD 数据库，可以得出表7.3，由表可知，美国%TSE 一直维持在1%以下，日本一直在1%左右，而中国该值在3个国家中一直处于较高的位置,基本在2%左右,当然这一比重和每个国家GDP有关。这说明中国的国民收入用于支持农业发展的比重较大,也意味着中央财政预算负担重。

表7.3　2006~2016年各国的%TSE

单位:%

年份	美国	日本	中国
2006	0.468	1.095	2.412
2007	0.459	1.044	2.103
2008	0.485	1.100	1.159
2009	0.526	1.114	2.060
2010	0.546	1.156	2.142
2011	0.540	1.209	1.649
2012	0.552	1.278	2.362
2013	0.527	1.211	2.405
2014	0.566	1.112	2.330
2015	0.423	1.044	2.520
2016	0.490	1.086	2.225

资料来源:OECD数据库。

2. 生产者支持估计

生产者支持估计主要是指实施农业补贴措施以后,农业生产者获得的从消费者和纳税人转移的补贴总额。通过表7.4可知,美国和日本的农业补贴总量基本控制在小幅度范围内波动,但中国对农业补贴水平在不断攀升,这说明中国对农业补贴的力度在逐步加大。

表 7.4　2006~2016 年各国 PSE 总量

单位：亿美元

年份	美国	日本	中国
2006	301.74	393.67	504.90
2007	320.59	354.93	566.30
2008	299.54	423.67	338.36
2009	315.35	453.03	818.48
2010	307.74	551.37	1090.31
2011	326.84	589.01	1012.81
2012	359.95	645.23	1737.40
2013	290.23	495.62	1998.57
2014	437.84	425.87	2057.92
2015	381.77	351.98	2278.37
2016	332.77	416.66	2121.82

资料来源：OECD 数据库。

通过以上对美国、日本和中国的农业支持水平的比较，可以发现：目前，中国国内支持总量在几个国家中最高，这说明中国的国民收入用来支持农业发展的比重较大，这也意味着我国的财政负担正在加大。

三　中国粮食政策面临的挑战

中国农业经济发展取得了举世瞩目的成就，特别是取消农业税、实行农业补贴制度、进行家庭联产承包责任制改革等农业支持政策的改革，释放了农业生产要素的活力，极大地激发了广大农户的生产积极性。但近年来，中国粮食安全也面临新的挑战，实现粮食供求平衡对于保障国家粮食安全具有重大意义。因此，研究新常态下补贴政策如何引导粮食供求，进而应对新挑战是一个不容忽视的问题。

1. 粮食供求平衡与粮食安全的关系

关于粮食供求平衡的研究，可以追溯到20世纪70年代，当时受交通运输条件的制约，研究重点在解决产需区域的供求不平衡（吴群，2004）。20世纪80年代，受统购统销体制的影响，粮食收购价并不随市场供求波动，我国出现了农民卖粮难、国家购不起等粮食市场不平衡问题。20世纪90年代我国则坚持以市场为导向实现总量平衡和市场平衡（曹宝明等，2014）。研究者关注到影响粮食供求平衡的关键问题是品种数量之间的平衡（姜长云，2006）。进入21世纪初，随着中国加入世界贸易组织，我国粮食供求开始置于国际化市场中，提倡以进口调节和国内粮食生产结构与布局调整为主、粮储调节为辅。此时，从供给能力看，未来粮食供需长期处于紧平衡状态，为了应对紧平衡状态，实现供求平衡，国内粮食主产区的发展引起重视（辛岭、蒋和平，2014）。但是近年来，粮食供求关系发生了显著的变化，国内外粮食市场的相互影响程度不断加深，要保证国内粮食市场和价格稳定比较困难（宋洪远，2016）。全球粮食供求矛盾短期内无法化解，生产区位不断变迁（武舜臣等，2016；邓宗兵等，2013）、结构性矛盾成为突出问题，中国增加粮食进口在未来将面临更大的压力（王德文、黄季焜，2001）。而且，高库存、高价格、高进口、高成本特征标志着中国粮食的供求关系发生了重大变化，是当前粮食供需关系新常态（蒋和平、王爽，2016；曾福生，2015）。学者们也提出了要在加快粮食体制改革（朱信凯、夏薇，2015），提高粮食自给率（陈锡文、韩俊，2016），确保适度进口、控制"非必需进口"（马晓河，2016），探索市场化粮价形成机制（唐华俊，2014）等方面确保新常态下粮食安全。

粮食安全和粮食供求平衡问题是学界长期关注的重点，以往研究基本上遵循总量—区域供求结构—品种和数量框架下的粮食平衡问题。但缺陷是研究视角没有脱离粮食生产。众所周知，粮食供求是一个复杂的多主体的庞大体系，目前生产面临的"三量齐升""三本齐增"是长期积累的结果（丁声俊，2015；农业部农业贸易促进中心课题组，2016）。这些问题之间相互影响，从短期来看，国内粮食生产遭遇生产成本上升和粮食价格倒挂的"双板挤压"，国内粮食价格丧失比较优势，进口压力不断加大，短期内形成"国产粮食入库，进口粮食入世"的高库存局面。从长期来看，全球粮食供求矛盾长期存在，中国增加粮食进口将面临更加严峻的形势。因此，针对新常态下粮食供求特征，如何实现短期的去库降量以及长期降本增效是本书试图拓展的思路。

2. 粮食安全新特征

一定时期的国家粮食安全取决于粮食生产能力、粮食库存水平以及进口平衡能力。国家统计局公布的 2015 年全国粮食产量为62143.5万吨,当前从产量来看,我国是实现了十二连增,但是出现粮食产量、库存量以及进口量"三量齐增"的现象,粮食库存水平及进口平衡问题突出。"三量齐增"现象是新常态下出现的新情况,这将使原有经济发展状态下的粮食供求格局被打破(罗必良,2017)。总的来说,我国持续增产的难度不断加大,面临的需求持续增加,进口压力也一直存在,这将成为我国相当长一段时期的基本格局。

首先,粮食总体需求不断扩大。

随着我国经济社会的发展,人口增长和消费结构等因素的变化导致粮食需求结构也发生变化。考虑收入消费弹性对我国粮食消费结构的影响,到2020年我国粮食需求总量约为6.13亿吨。从合理营养标准的视角预测,到2020年中国粮食需求总量将稳步增长,约为6.1亿吨;随着需求结构的变化,2020年饲料用粮预计达到2.98亿吨,成为最大的粮食消费用途(冯华,2015)。从人均粮食需求和粮食收益率变化来看,未来我国粮食需求总量持续增加,到2020年预计约为6.8亿吨。由此可见,学者们对我国粮食需求总量将持续增长形成基本共识。

其次,粮食品种结构性失衡明显。

对粮食安全问题的把握,既要有总量视角,也要有结构视角。第一,从品种结构分析,三大主粮的消费稳定。消费用途决定了品种的替代强度。以食用消费为主要用途的稻谷和小麦难以被其他品种大规模替代,而以饲料用粮为主要用途的玉米则不同，一旦玉米与其他品种的比价关系出现倒挂则会形成消费替代，这是近年来推动谷物消费增长的主要原因。这一变化说明传统作物的消费规律在新的消费市场发生质变。第二，大豆消费量增长最快，进口量占粮食进口总量比重最大。2000~2015年，稻谷、玉米和小麦进口量变化不大，造成粮食总进口量陡增的主要原因来自大豆进口量的激增（见图7.1）。2015年谷物进口量在粮食进口中占比仅为12%，大豆进口量占粮食进口总量却高达88%。所以，总体来说我国粮食总进口量的增加不代表我国主粮生产不安全。但是根据图7.1，小麦和玉米在2009年由净出口转为净进口，稻谷直到2011年才转为净进口，粮食贸易流向从净出口转向净进口，标志着谷物进出口格局的全面逆转。同时随着国产大豆的低产以及不断扩大的大豆内需，大豆在1996年由净出口逆转为净进口。

最后，粮食生产区域格局演化。

农业生产条件、农业技术推广和土地利用方式的变化是粮食生产区域格局变化的主要原因。由于灌溉农业的发展，粮食生产相对倾向水资源丰富的南方地区，但工业化、城镇化的发展，占用大量耕地和水资源，同时粮食生产与其他经济活动之间的比较效益相对较低，所以粮食供给区域结构也发生明显变化。

北粮南运趋势进一步加重。中国粮食生产格局经历了从"南粮北运"到"北粮南运"的转变。由表7.5可知：从1990年至2015年，我国粮食产量从44624.60万吨增加到62143.50

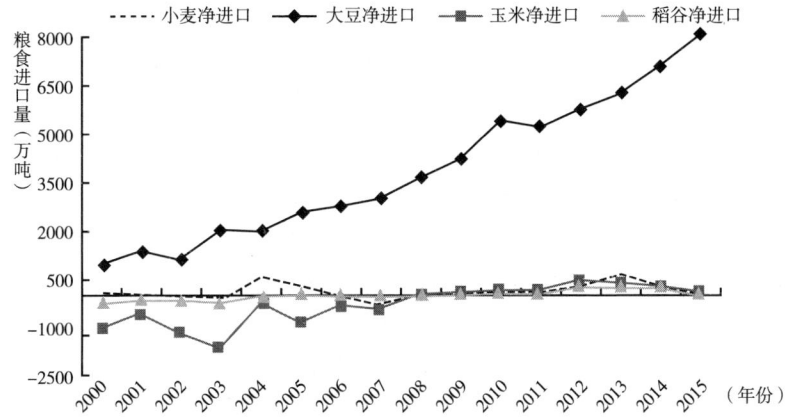

图 7.1　2000~2015 年粮食作物净进口比较

资料来源：农业大数据应用云平台、中国农业大数据、我国粮食进出口贸易检测报告。

万吨，增幅达到 39.3%。在此期间，北方地区粮食产量从 19971.90 万吨增加到 34942.80 万吨，南方地区从 24652.70 万吨增加到 27200.70 万吨，北方地区的粮食增产幅度大大高于南方地区。2000~2010 年，北方粮食产量在总粮食产量中的比重由 45.86% 转变为 54.41%，历史上"南粮北运"的格局在这十年间发生了历史性的转变。

表 7.5　北方和南方地区粮食产量

单位：万吨，%

年份	合计粮食产量		北方粮食产量		南方粮食产量	
	产量	比重	产量	比重	产量	比重
1990	44624.30	100.00	19971.90	44.76	24652.70	55.25
2000	46217.50	100.00	21195.30	45.86	25022.30	54.14

续表

年份	合计粮食产量		北方粮食产量		南方粮食产量	
	产量	比重	产量	比重	产量	比重
2010	54647.70	100.00	29731.70	54.41	24916.10	45.59
2014	60710.00	100.00	33929.50	55.89	26781.50	44.11
2015	62143.50	100.00	34942.80	56.23	27200.70	43.77

注：以秦岭、淮河为界划分北方和南方，我国大陆北方包括北京、天津、内蒙古、新疆、河北、甘肃、宁夏、山西、陕西、青海、西藏、山东、河南、辽宁、吉林、黑龙江16个省区市，南方地区包括安徽、江苏、浙江、上海、湖北、湖南、四川、重庆、贵州、云南、广西、江西、福建、广东、海南15个省区市。

资料来源：中国统计年鉴。

粮食主产区粮食供给压力增加。从表7.6可知：1990~2015年，粮食主产区的粮食产量占全国粮食产量稳定在70%以上，并且粮食产量比重逐年增加，可见，粮食生产主要依靠13个粮食主产区省区，这是一个长期的基本格局。但1990年以来，粮食主产区的增速较缓慢，而粮食主销区的粮食产量所占比重逐年下降，这更加剧了粮食主产区的供给压力。

表7.6 粮食产量区域变化

单位：万吨，%

年份	粮食主产区		粮食平衡区		粮食主销区	
	产量	比重	产量	比重	产量	比重
1990	32501.60	72.83	6897.50	15.46	5225.20	11.71
1995	34470.10	73.87	7226.60	15.49	4965.10	10.64
2000	32607.40	70.55	9135.80	19.77	4474.40	9.68

续表

年份	粮食主产区		粮食平衡区		粮食主销区	
	产量	比重	产量	比重	产量	比重
2005	35443.10	73.23	9543.50	19.72	3415.60	7.06
2010	41184.10	75.36	10140.40	18.56	3323.30	6.08
2015	47341.20	76.18	11490.50	18.49	3311.80	5.33

注：粮食主产区、主销区和平衡区概念始于20世纪90年代。直至1994年，《国务院关于深化粮食购销体制改革的通知》（国发〔1994〕32号）明确了北京、天津、上海、福建、广东和海南等6省市为粮食主销区。此后，由于浙江省粮食产量和库存大幅下降，由调出省变为调入省，2001年国务院有关部门将其划入主销区。从此主销区变为7省市。主产区为13个省区：黑龙江、辽宁、吉林、内蒙古、河北、山东、河南、安徽、江苏、江西、湖北、湖南、四川；平衡区为11个省区市：陕西、山西、甘肃、青海、宁夏、新疆、重庆、贵州、云南、广西、西藏。

资料来源：中国统计年鉴。

3. 新常态下提高粮食安全所面临的挑战

粮食生产受水资源、耕地、农业基础设施等支撑条件约束，同时随着农村劳动力结构矛盾以及要素投入的边际效用递减影响，"非农化""非粮化"也对粮食增产造成威胁。在工业化、城镇化、全球化发展的背景下，粮食生产和供求平衡关系到本国经济发展、国际粮食贸易、国际政局稳定等相关的问题。在粮食生产总量满足需求以后，确保粮食安全、实现粮食供求平衡是当前面临的一个复杂问题。

（1）资源环境制约日益明显。第一，粮食生产与水资源分布不均。由表7.7可知：水资源分布与利用不匹配。2015年全国总用水量为6103.2亿立方米，农业用水占63.1%。其中北方

6区粮食产量为34942.8万吨，占全国粮食产量的56.3%，农业用水2762.2亿立方米，占全国用水量的45%。但是，相比之下南方4区粮食产量为27200.7万吨，仅占全国粮食产量的43.7%，农业用水占全国用水量的55.0%。随着粮食生产区域的北移，而北方水资源分布少于南方，这加重了北方耕地的压力。由此可见，粮食生产区域与水资源分布利用不均衡将加重对粮食增产的约束。

表7.7 2015年全国用水量及农业用水量

单位：亿立方米

水资源一级区	用水量	农业用水量
全国	6103.2	3851.1
北方6区	2762.2	1733.0
南方4区	3341.0	2118.1

注：全国性数据未包含香港、澳门和台湾地区（下同）。北方6区是指松花江区、辽河区、海河区、黄河区、淮河区、西北诸河区6个水资源一级区；南方4区是指长江区（含太湖流域）、东南诸河区、珠江区、西南诸河区4个水资源一级区。

资料来源：2015年水资源公报。

第二，耕地质量下降与地力保护。随着工业化、城镇化的发展，我国耕地数量大面积减少，如图7.2显示，2009年，我国耕地面积为13538.5万hm^2，2016年全国耕地面积维持13500万hm^2，暂时可以坚守12000万hm^2的耕地红线。耕地数量的减少以及人口的增加，使我国人均耕地面积在不断减少，但是如果仅从耕地的总量上考虑容易忽视其他重要的现象。例如，2014年底农业部公布的《全国耕地质量等级情况公报》和国土资源部公布的《关于发布全国耕地质量等别调查与评定主要数据成果的公告》，这两个官方报告显示，我国耕地质量大幅度下降，长期以来滥用化肥和土地外源性污染是耕地质量下降的关键原因。目前全国耕地平均质量等别为9.96等，等别总体偏低，中、低等耕地面积占耕地评定面积的70.6%。此外，北方土壤碱化趋势与南方土壤酸化等实际问题，提醒我们地力保护是一个需要引起重视的问题。除此之外，从耕地面积增减的空间分布来看，我国耕地面积虽然总量没有减少，但是新增加的耕地产量不稳定且退耕风险大。因此，除了耕地数量外，耕地质量以及耕地空间分布都会影响粮食生产安全。

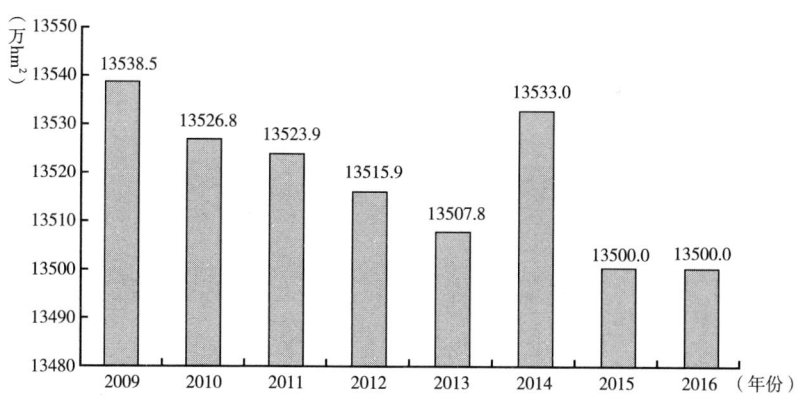

图7.2 2009~2016年全国耕地面积变化

第三，气候变化与粮食生产。降水增多、气温上升等气象变化将影响整个粮食生产系统的稳定性，对短期内的粮食生产有严重的负面影响。气候变化所引起的自然灾害是粮食生产不容忽视的挑战。全球气候变化使我国未来农业生产面临两个增加——增加农业生产的不稳定性,增加农业成本以及投资;除此之外,全球气候变暖会加剧肥料挥发,导致土壤肥力下降,同时暖冬也会增加农作物病虫危害发生的频率和范围,这些变化将直接影响粮食产量。根据中国气象局发布的《2015年中国气候公报》:北方雨水本来就相对南方较少,夏季正是粮食生产的关键时期,可是华北、西北东部及辽宁发生夏秋连旱,新疆出现持续高温,这些气候因素对于粮食生产极为不利。其中水灾和旱灾是直接影响粮食生产的重要因素,其中降水增加以及气温上升加快了我国粮食生产向东北、华北、西北地区转移,促进了北方地区粮食发展。20世纪50年代我国水灾导致的受灾面积平均每年为789.13万hm^2,90年代水灾导致的受灾面积为1459.36hm^2,而2015年农作物受灾面积为21769.8千hm^2,其中绝收2232.7千hm^2;干旱和水涝都会直接影响农业生产的正常进行,每年都有大量农作物受灾减产或绝收。

(2)粮食生产收益偏低。新常态下,农民投入粮食生产的物质成本、人工成本和土地成本快速上涨,粮食生产的成本上升。据统计,2005~2013年,我国粮食(稻谷、玉米、小麦)按照现值计算的hm^2成本约增长了1.14倍,其中物质成本、人工成本和土地成本分别增加了0.96倍、1.84倍、1.92倍。农业生产的劳动率本身低于其他产业。对种粮和务工以及种植经济作物进行对比分析,从成本利润率和工日报酬两个指标进行比较分析，中国粮食生产效益低主要是年总收益较低。一是劳动时间上的不充分就业，获取工日报酬的天数较低，一年中，粮农只有数月的实际投工，农民工则有280~300天，粮农的年收入低于农民工。二是粮农土地生产规模不够大，小规模粮食生产无法抗衡高单位效益的经济作物（蔬菜、水果等）（侯国庆等，2015）。2013年农民工外出打工"日工资"接近玉米和三种主粮平均工日收益，同经济作物相比，三大主粮经济效益略低于大豆、甘蔗、蔬菜和苹果，明显低于园艺产品（王燕青等，2016）。

与国外相比，国内玉米、小麦、水稻这三种主粮的平均产量分列世界的第21位、第20位和第13位。高成本和低效率的粮食生产容易导致中国种粮效益波动下降。一方面，三大主粮的平均工日收益在不断下降，另一方面，外出务工日工资在不断上涨。农民作为理性经济人呈现的钟摆式务工现象以及耕地非粮化都会影响粮食安全。

（3）粮食消费结构性矛盾突出。随着中国居民收入的增长，在食品消费上有向欧美等发达国家看齐的趋势，对肉、蛋和奶制品的需求不断增加，而我国的农业生产方式依然是小规模和精细化农业，从而出现了农产品生产和消费的不匹配。首先，在粮食品种中，稻谷种植基本满足国内需求，可是玉米、小麦基本只能满足人的需求，加之自2008年开始实施临时收储政策推高了玉米价格，造成养殖业生产成本提高，严重影响畜牧业竞争力。其次，面临消费区域和生产区域不匹配的问题，更深层次的原因是中国农业结构不合理,农业竞争力不强,这增加了粮食的成本。从粮食产品结构看,玉米是主要的饲料用粮。例如,湖南是生猪大省,但饲料用粮需要从北方借调,这增加了玉米消费的成本,某种程度上刺激了进口需求。随着居民消费结构的变化,居民对畜产品的需求也会增大,对饲料用粮的需求也会随着畜牧业的发展而不断增加,这将会对粮食消费结构造成影响。

(4) 粮食进口冲击加大。随着农产品市场开放程度的加深,我国原有粮食贸易格局逐步被打破。目前来看,三大主粮生产比较稳定,而每年粮食进口量增加的主要原因是受大豆进口量的影响。我国从1996年起成为大豆的净进口国。据中国海关统计,2016年我国进口大豆8391万吨,相对于2015年的8169万吨,增幅2.7%,如果由国内来生产的话,相当于6.7亿亩耕地的产量,这样势必会挤占其他农作物的生产,因此短期内只能靠进口来弥补。如图7.3所示:2000~2015年,我国大豆进口量从2000年的1042万吨增加到2015年的8169万吨,15年间增加了6.8倍。而我国主粮进口量并不大,2015年玉米、小麦和稻谷的进口量分别为472.9万吨、297.3万吨和335万吨,分别占全年粮食进口总量的0.5%、0.3%、0.4%。虽然占比不大,但是市场价格连续多年低于国内粮食最低收购价,我国逐渐出现了"稻强米弱""麦强粉弱"的局面。

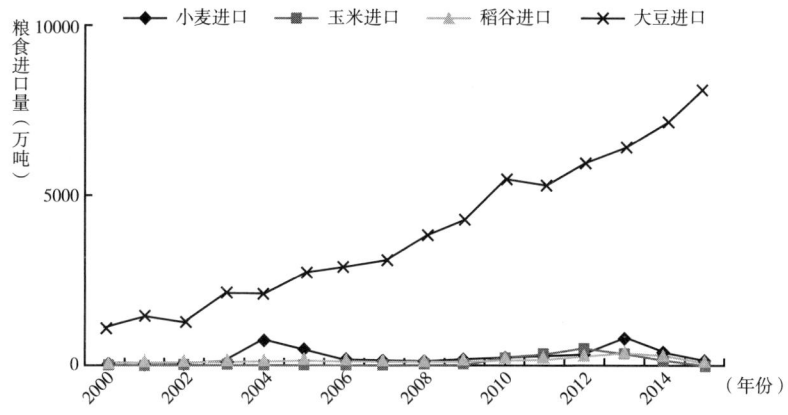

图 7.3　2000~2015 年我国主要粮食作物进口量

资料来源：农业大数据应用云平台、中国农业大数据、我国粮食进出口贸易检测报告。

四　新时期粮食安全调控新思路

在粮食需求和供给不匹配、国内国际市场价格不平衡、资源环境硬约束的背景下，本书在分析粮食新常态的特征后，针对进口冲击加大、消费结构矛盾、生产收益不高以及资源环境硬约束等挑战，提出了新时期粮食安全调控的四平衡思路：稳定粮食生产，实现数量和质量的供求平衡；调整粮食品种，实现多品种结构平衡；转变粮食生产方式，实现资源环境平衡；完善农产品价格形成机制，实现价格平衡（见图 7.4）。

1. 稳定粮食生产，实现数量和质量的供求平衡

国家粮食安全战略要求以我为主、立足国内、确保产能、适

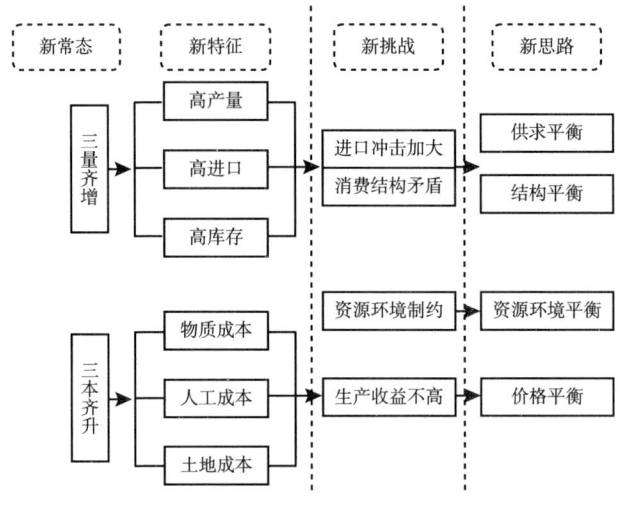

图 7.4　新时期粮食安全调控新思路

度进口、科技支撑。因此，要实现粮食供求平衡有如下思路。①缓解玉米高进口和高库存，提倡"粮—经—饲"三元种植结构。在三大主粮中，玉米经历净出口—净进口—高净进口—低净进口的过程，2009~2010年由净出口向净进口的转变，在2013年玉米净进口量达到325万吨，而2015年净进口仅为44.3万吨。玉米主要作为饲料用粮，而且玉米产量在我国谷物产量中占比目前接近40%，在后续的生产中提倡"粮—经—饲"三元种植结构，缓解玉米高进口和高库存的压力。②稳定稻谷生产，提高粮食主产区区域粮食安全。水稻生产受耕地质量以及水资源分配的影响比较大，在国家层面，需要科学地布局粮食生产，将粮食生产重点放在资源条件好、生产水平高且可持续发展的优良主产区，其中，从水资源分区来看，在水资源丰富的南方4区，也覆盖了江苏、江西、湖北、湖南、四川等粮食主产区的省份，所以这几个粮食主产区适宜重点发展稻谷生产。在建设好主产区的同时，也应该积极支持其他区域的粮食生产，包括北方的油菜产业带，东北、华北、西北、西南的马铃薯产业带，西南和东北的小麦产业带，西南和东南的玉米产业带，南方的大豆产业带等。③完善利益协调机制，保障种粮积极性。通过完善粮食主产区和粮食主销区的利益协调机制，增加对粮食主产区的财政转移支付能力，鼓励新型农业经营主体发展，保障粮食生产的积极性和科学合理性。

2. 调整粮食品种，实现多品种结构平衡

我国经济发展水平显著提高，城乡居民的生活方式发生明显变化，同时国际国内饮食文化的不断融合，使我国的食物消费呈现多元化、杂粮化、加工化等特征，对食物品种、营养、包装、加工、物流、监管都提出了新的要求。要适应这种粮食消费结构，需要从生产端、资源端方向入手，推动粮食生产结构性改善。①调整玉米价格，缓解玉米库存压力。玉米作为饲料用料，需求量激增，但是国内玉米价格过高，导致国产玉米入库、进口玉米入市的现象，因此，在发展玉米生产的同时实施"价补分离"，引导粮食加工业消费国内玉米。②警惕大豆高进口，逐步缓解进口压力。根据图7.3，我国粮食进口量增加的主要原因是大豆进口增加，但是在资源有限的前提下，确保水稻、小麦、玉米这三大主粮安全，短期内大豆进口对粮食安全有正显著影响（朱晶，2017）。虽然大豆进口的高依存度对粮食结构安全存在

163

负向影响，但是从大豆的用途来看，主要用于居民的食用植物油，而这种用途完全可以由其他油料作物弥补（例如菜籽油、茶油、花生油）。因此，短期内，我们稳住大豆种植面积，积极提高大豆单产，刺激农民种植的积极性。同时，坚持实施非转基因种植，实现优质优价。③着力发展牧草产业，构建"粮+经+饲+草"四元种植结构。随着人们生活水平的提高，城乡居民对粮食的直接消费逐年递减，而对肉、蛋、奶等畜产品的消费快速增加，食物消费结构已发生显著变化。而我国畜牧业主要依赖饲料粮，据估计到2020年中国饲料粮消费量占粮食消费总量的比重将达到45%以上[①]，过度依赖饲料粮的畜牧业难以保障畜产品的充足供应和质量安全（王明利，2015）。因此，需"还草于畜"，提高生产效率以及畜产品质量安全水平，构建"粮+经+饲+草"四元种植结构。

3. 转变粮食发展方式，实现资源环境平衡

传统细碎化、小规模经营的生产方式转向适度规模经营、比较效益增加的产业发展方式，进而提高农民生产积极性，提升农产品质量是粮食产业现代化的必经之路。在当前"三量齐增"的压力下，加快转变粮食产业的发展方式，提高粮食产量的同时提升粮食的质量任务紧迫。①生产形式上鼓励规模化经营，增加多主体对土地的投入。小农生产分散，不利于与市场对接，不利于农业基础设施的投入，因此鼓励从传统的、分散的小农经营转

---

① 农业部：《畜牧业可持续发展战略》，课题报告，2012。

向适度规模经营，积极培育种粮大户、家庭农场、农民合作社等新型的粮食经营主体，提高土地利用效率。②生产行为上执行标准化生产，控制农药化肥对耕地的污染。我们国家库存量高，某种程度上受粮食质量的影响，达不到再加工再生产的标准，所以实施标准化生产方式，落实农业投入品的监督，打击违禁使用剧毒农药，加大粮食质量的抽检力度和频次，确保粮食的质量安全。③生产过程注重科技化投入，保障粮食生产和环境协调发展。总体来说，我国农业科技投入相对较少，农业科技推广成本高，使用周期短，利用率低，所以鼓励新型农业经营主体，鼓励适度规模经营也是为了某种程度上适应农业科技的推广。

4. 完善农产品价格形成机制，实现价格平衡

在加入WTO前，我国粮食生产成本较低，国内粮食价格受国际粮价影响不大。而近年来，随着劳动力成本、生产资料成本、土地流转成本等因素的影响，粮食价格严重倒挂，进口激增。在后期的粮食安全上，我们短期内要善于利用好国际粮仓，解决国内刚需，但是长期来看，需要完善市场价格形成机制和粮食仓储调节机制，长效保障国家的粮食安全。①降本增效的同时改善粮食价格形成机制。降本增效对于提高粮食效益和实现价格平衡是至关重要的，其中劳动力成本近年来上升最快，因此提倡适度规模经营，以机械化投入来替代劳动力投入，同时提高化肥、农药、灌溉用水等有效利用率，某种程度上可以缓解粮食生产成本增加的压力。除了内在降本以外，外在也要分品种施策，避免补贴进一步刺激高进口，2016年中央一号文件指出要坚持

市场化改革取向和保护农民利益并重，采取"分品种施策、渐近式推进"的办法，完善农产品市场调控制度。在进口冲击如此严重的情况下，新疆的棉花和东北大豆没有出现大的波动。但是值得注意的是：实施目标价格补贴属于"黄箱补贴"，目前"黄箱补贴"也已经接近上限。②改善玉米收储制度。国家从2007年起开始对玉米执行临时收储制度，时至今日，玉米临时仓储的价格不断增加，这一政策确实刺激了农民种植的积极性，但是连续多年调价，国内玉米价格已经高于国外玉米价格，导致玉米进口量增加，国内玉米储存量同时增加。目前玉米临时收储制度已经成为最低收购价制度了，已经到了非要改革的地步了。2016年，国家决定玉米退出临时收储制度，形成由市场决定价格的机制。③完善小麦和稻谷的价格形成机制。在未来几年，逐步将水稻、小麦的最低收购价降至不扭曲市场的合理水平。对水稻和玉米采取不扭曲市场、随行就市的最低临时收储措施。

五 对中国农业补贴政策优化的启示

日内瓦时间2019年2月28日，世贸组织发布了美国起诉我国粮食补贴世贸争端案的专家组报告，结果是专家组未能支持中国关于小麦、稻谷最低收购价政策补贴水平计算的主张。这一点，中方遗憾的同时表示将认真评估专家组的报告（商务部，2019）。基于此，补贴政策"黄"转"绿"需要持续稳步推进。借鉴发达国家农业补贴政策实践的先进经验，结合我国农业生产的实际情况及农业补贴政策存在的问题，可以得到如下几方面的启示。

（一）符合 WTO 规则的新型粮食补贴政策体系

《农业协定》鼓励各国减少对生产和贸易产生扭曲作用的"黄箱"政策，尽量采取与农业生产不挂钩的收入支持和其他"绿箱"措施。在全球贸易化大背景下，中国的粮食支持政策需要符合 WTO 的政策框架。通过回顾欧美、日本、韩国等国家和地区的农业支持政策，尽管各国国情、农业资源禀赋及发展阶段各异，但早期的农业政策一般以价格支持措施为主。乌拉圭回合谈判之后，农业政策强调发挥市场机制的作用，欧美开始逐步降低对价格支持政策的依赖程度，配合使用直接补贴政策。日本尽管价格支持仍占据主导地位，但也正逐步降低价格支持水平而采用直接补贴。在欧美由价格支持转型到直接补贴的过程中，操作方式是调整支持品种范围，对重要农产品仍采取价格支持措施。基于 OECD 数据观察欧、美、日农业生产者支持结构变化情况可知，欧美价格支持措施在 PSE 总量中所占的比重总体呈下降态势。

（二）管理好政策调控预期，保护粮食生产者利益

粮食生产者的积极性是影响粮食生产能力的重要因素之一，提高农民种粮收益水平是提高农民种粮积极性的关键所在。美国、欧盟、日本等发达国家和地区在早期采取价格支持政策等措施来

保护种粮农民利益，鼓励农民发展粮食生产，在 WTO 农业规则的约束之下，美国、欧盟等发达国家和地区采取作物面积补贴、休耕补贴等直接收入补贴措施，将粮食补贴由流通领域逐步转向生产领域，保护和提高种粮农户利益，从而稳定粮食生产能力。因此，我国可以借鉴发达国家的成功经验，在继续加大对种粮农民补贴力度的基础上，进一步推进实现土地的规模经营，多路径地提升农业现代化水平。特别是在当前农户分层较为明显的情况下，要细化对不同规模粮食生产者的积极性，保障国家粮食安全。

（三）明确粮食补贴政策目标，提高补贴效率

从美国、欧盟和日本的农业补贴政策的实施来看，农业补贴政策目标在不同经济发展阶段也不尽相同，因此各个国家和地区需要依据自身的发展阶段采取相应的农业支持措施。在结合历史发展路径与当前农业农村形势变化下，据此制定科学的政策措施，提高补贴效率。发达国家的粮食补贴政策演变路径给我国提供了经验，但基于国情与资源禀赋的差异，我们需要分析其存在的机理和可以借鉴的经验。从长期来看，高强度补贴会使粮食等农产品严重过剩，且造成国家沉重的财政负担，这一点是需要引起重视的，在制定农业补贴政策时，要处理好粮食生产和国家财政的关系，根据农业补贴政策目标，适时调整粮食补贴的标准和方式，提高粮食补贴的效率，谨防由国家农业补贴政策的实施不当所造成的粮食严重结构性过剩、产量频繁波动和财政负担加重等问题。

六 本章小结

本章首先回顾了美国、日本以及欧盟等发达经济体在不同阶段的粮食补贴政策,从整体上看,各国和地区的粮食补贴主要包括价格补贴和直接补贴以及保险、信贷补贴等,而且补贴的金额也是随着国家经济发展而调整的,补贴的对象也会随着市场的发展而有所转变。其次,基于各国学者和政策制定者衡量农业支持水平的方法,对比分析了美国、日本和中国的农业支持水平,结果显示,目前中国国内支持总量在几个国家中最高,这说明中国的国民收入用来支持农业发展的比重较大,这也意味着我国的财政负担正在加大。本章分析了农业补贴政策改革面临的国际环境以后,分析了粮食补贴政策改革所面临的国内环境,进而提出了粮食补贴改革的新思路。政策目标要保证粮食产量的供求平衡、结构平衡、资源环境平衡以及价格平衡。最后,基于我国补贴政策体系构成,提出了粮食补贴优化的政策启示。

第八章
研究结论和政策建议

农业是关系到国计民生的基础产业，在经济下行压力加大、外部环境发生深刻变化的复杂形势下，支持"三农"工作具有经济"压舱石"的重要性。而政府对本国农业提供支持和保护，保障农民种粮的积极性和收入水平，维护粮食安全，各国通行的做法是实施农业补贴。2019年1月31日，中共中央、国务院颁发的《关于坚持农业农村优先发展做好"三农"工作的若干意见》（简称中央一号文件）提出要强化粮食安全省长责任制考核；完善农业支持保护制度，按照增加总量、优化存量、提高效能的原则，强化高质量绿色发展导向，加快构建新型农业补贴体系；调整改进"黄箱政策"，扩大"绿箱政策"的使用范围。由此可见，粮食补贴政策的改革与实施绩效一直是决策者和学者关注的热点话题。

本书在全面综述国内外相关研究成果的基础上，结合我国目前实际情况，补贴向适度规模主体倾斜，将粮食补贴政策视为宏观调控的政策工具，采取微观实地调研，实证分析了现行粮食补贴政策对规模农户生产决策行为的影响。首先，分析了稻作大户对于当前粮食补贴政策的认知和满意度评价，了解当前粮食补贴存在的问题；其次，分析了当稻作大户在收到农业支持保护补贴时的生产投入行为，一定程度上反映了直接补贴资金的流向和使用效率；再次，考虑当前世贸组织的约束，我国稻谷最低收购价出现了首次连续3年下调的情况，该项政策实施的目的在当前的政策背景下，是期望农户根据市场的指导价格来调整其种植结构，本书的研究在一定程度上反映了稻作大户的种粮积极性及未来可持续发展的动力；最后，本书借鉴发达经济体粮食补贴的成功经验，并对比分析了中国和日本农业支持水平的高低，得出了一些经验和启示，提出了进一步完善粮食补贴政策体系的建议。

一 研究结论

本书根据OECD的分类标准，将粮食补贴界定为农业支持保护补贴和最低收购价补贴，分别探讨这两类补贴对于稻作大户生产行为的影响。得到以下几个结论。

（一）无论政府实施何种类型的粮食补贴均对稻作大户的生产行为产生影响，从产量效应来分析，价格补贴大于农业支持保护补贴

本书通过构建一个"补贴政策—农户行为—农业生产"的

理论分析框架，从理论上分析了不同类型的粮食补贴对农户生产和农机购置行为、农户非农就业和粮食增产上产生不同的影响，并从理论上验证了不同类型补贴的政策效应的大小。从促进粮食增产效应分析，价格补贴带来的农产品生产增量效应最大，其次是农机购置补贴，最后才是农户直接收入补贴的产量增量效应。对此，本研究的解释是：其一，农产品价格补贴与农户粮食产量直接挂钩，具有刺激农户从事农业生产并扩大农业生产规模的直接效应，农产品价格越高，农户越倾向于多种植粮食，并通过现代化农业生产方式来提高农业生产产量，最终通过高于市场收购价的农产品补贴价格获得更大收益；其二，农机购置补贴，具有刺激农户扩大农业生产规模的间接效应，因为即使存在农机购置补贴，农户也需要付出购置或者投资成本，同时还要面对使用农业生产机器进行农业生产过程中的各种不确定性和风险，所以这种间接增产效应低于农产品价格补贴的增产效应；其三，实行农户直接收入补贴，这种补贴虽然与农户土地种植规模或劳动要素投入数量挂钩，在一定程度上刺激了农业生产扩张，但是正如钟春平等所描述的收入效应那样，当农户收入跨过一定门槛值后，他们更倾向于追求闲暇而转向非农业生产部门，而且我们认为，这种农户直接收入补贴可能加重农户对政府农业支持保护补贴的过度依赖程度，最终不利于在经济全球化背景下内生农业生产的国际竞争优势。

（二）稻作大户对于农业支持保护补贴政策标准的认知程度较高，但对该补贴的政策目标认知程度较低

已有文献关于农业补贴认知和农户满意度研究积累了丰富的成果，但是针对农业支持保护补贴实施以来，稻作大户的认知和满意度研究比较匮乏。稻作大户的认知和满意度就是衡量农业支持保护补贴政策实施效果的关键，分析影响稻作大户满意度的因素，是推动农业补贴深化改革，更好地支持农业生产的有效方法。本书基于稻作大户政策认知的视角，通过构建政策认知—期望与现实偏差—政策满意度的分析框架，揭示了政策认知与政策满意度之间的关系，并以稻作大户对于农业支持保护补贴政策认知为切入点，基于湖南省6个产粮大县419户稻作大户的微观调查，采用有序Probit模型分析了稻作大户的政策认知及其对现行农业支持保护补贴政策满意度的影响。得出以下研究结论：稻作大户对补贴标准的认知程度较高，而对补贴过程中的公平性和补贴政策目标的认知程度较低。

（三）提高粮食补贴标准，构建新型农业支持保护政策体系，有助于进一步稳固和调动种粮农民的生产积极性

种粮农民是粮食补贴的直接受益人，同时也是保障粮食安全的主体，因此，农户对于粮食补贴的满意度评价具有较强的说服力。本研究利用419户稻作大户的微观调研数据，分析了稻作大

户对于农业支持保护补贴的满意度。结果表明：一是稻作大户补贴标准认知显著影响政策满意度，而对政策参与程度和政策目标认知的影响不显著，表明稻作大户对于补贴的参与程度不够；二是稻作大户的个体特征、家庭特征和禀赋特征对补贴政策满意度影响不显著；三是补贴发放时间和补贴申报方式对满意度具有显著正向影响，绝大多数稻作大户认为补贴的发放时间和申报方式对其十分重要，并且希望能适度提高补贴的金额。由此表明，如何在保证遵循 WTO 贸易协定的同时，提高稻作大户对于补贴的满意度，对于进一步调动农户种粮积极性、促进粮食增产和增收具有重要价值。

（四）农业支持保护补贴对于稻作大户增加物质资本投入具有显著的激励作用，且不同资源禀赋的稻作大户对于投入的偏好不同

农业支持保护补贴分为耕地地力保护补贴和适度规模经营补贴。耕地地力保护补贴发放给拥有承包地的种粮农民，而适度规模经营补贴则发放给经营一定规模的种粮农户。稻作大户是农业支持保护补贴改革后的直接受益者，稻作大户在收到适度规模经营补贴后，在当前的补贴水平下，农业支持保护补贴是否会影响稻作大户的农业生产资料投入决策行为呢？本书基于湖南省 6 个产粮大县 419 户稻作大户的微观调查数据，研究农业支持保护补贴对稻作大户生产投入行为的影响。研究发现如下。①耕地地力保护补贴和适度规模经营补贴均对稻作大户的亩均物质资本投入具有正向的激励作用，但后者补贴的正向激励作用更大，经过稳健性检验，结论仍成立。②在资源禀赋方面：一是适度规模经营补贴对年轻农户的农业生产投入更具激励性，但耕地地力保护补贴对年长农户的农业生产投入更具激励性；二是稻作大户教育水平越高，适度规模经营补贴和耕地地力保护补贴正向作用越大；三是流转面积增大，耕地地力保护补贴对农户亩均物质资本投入的激励开始下降，而适度规模经营补贴对农户亩均物质资本投入的激励逐步上升。③在经营规模方面：补贴对要素投入的正向激励程度存在差异，当流转面积处于中等规模的农户正向激励作用最强，当流转面积超过0.6分位点时，正向激励作用开始锐减。

（五）农业支持保护补贴对于稻作大户种植水稻年收入和外出兼业年收入产生正向和负向的影响，需注意补贴的门槛值

农业支持保护补贴金额越高，农户从事农业生产的收入越高，农业生产的积极性就越高，此时其选择外出兼业务工的积极性相对降低，这客观上导致农户增加了亩均物质资本的投入。与此同时，当农业支持保护补贴的门槛值越高，稻作大户规模越大，所获得的农业支持保护补贴的总额越高。此时稻作大户更倾向于扩大规模。实证模型证明了当稻作大户所获得的补贴金额多，其对粮食补贴的满意度正向增加，对农业政策的前景预期向好，更加刺激其增加亩均物质资本投入，进而促进农业分工深化。

（六）最低收购价下调对稻作大户的收益产生负向影响，但稻作大户选择"不变"的原因是农业支持保护补贴的"托底"生产的"惯性"

粮食最低收购价是我国粮食宏观调控的重要政策工具，在当前"去库降本"和"提质增效"背景下，下调粮食最低收购价已成为粮食价格体系改革的主要着力点，但农户行为对政策的响应程度决定了其效能作用的空间。本书以湖南省为例，以稻作大户种植结构调整行为为切入点，通过湖南省3个产粮大县稻作大户的微观调查，研究粮食最低收购价下调的政策影响。实证结果表明：稻谷最低收购价降低时，稻作大户维持既有水稻种植面积的概率高于改种其他经济作物的概率，即选择"不变"。"不变"的原因是适度规模经营补贴政策能在一定程度上稳定稻作大户的种粮预期，有利于促使农户保持生产的稳定性。因此，这为政府在水稻品种实行的"价补分离"政策提供了经验证据。

（七）粮食种植比例越高、土地规模经营越大的稻作大户对粮食补贴的反应越敏感，价格补贴的影响程度大于农业支持保护补贴的影响

伴随农地流转规模的扩大，小农和规模农户的种植结构调整的难易程度是不一致的，因为当家庭个体从事自有土地的农业生产时，农地规模较小，在面对粮食市场价格波动情况下，能够轻易迅速地调整自己的农作物生产结构,成功规避收入损失风险的可能性较大,且小农户粮食生产更多追求的是口粮需求,对市场价格的敏感度低于稻作大户。对于稻作大户而言,农地流转规模越大,伴随其投入的不断增加,当面对粮食最低收购价下调的"刹车"时,其粮食生产具有"惯性",稻作大户调整其种植结构的难度相对较大。流转契约关系以及资产专用性的双重约束,容易产生租金的"沉默成本"以及农机设备闲置的"隐性损失",这些因素限制了稻作大户转变生产结构的机动性和灵活性,增加了政策调控的难度。

二 政策建议

(一)健全农业支持保护补贴政策体系,加强各类农业补贴政策之间的联动机制,重点支持稻作大户

农业支持保护补贴作为直接补贴中的脱钩补贴,其政策作用效果也依赖于其他类型政策而存在,应加强"组合型"政策间的协调融合,共同服务于我国的农业政策目标的实现。粮食最低收购价政策作为价格补贴的主要方式,主要目的是保护农民收益免受市场风险影响,被欧美、日本等国家和地区普遍采用。随着农业农村形势发生的显著变化,粮食最低收购价政策的内涵更丰富,除了"托底"作用以外,更具有指导农民合理调整种植结构的政策导向,这在一定程度上可以多角度地保护种粮农民的生

产积极性。在耕地地力保护上，将广义的耕地地力保护与提升从耕地地力保护补贴的政策目标中剥离出来，以农业生态资源与保护等专项资金为主、辅之耕地地力保护结余资金，通过国家治理的方式实现耕地地力保护。在促增收上，扩大"绿箱政策"的使用范围和规模，使之符合WTO的规定，构建促进农民增收的多重政策工具。如加大农业保险支持力度，特别是对以稻作大户为代表的新型农业经营主体，这一群体在追求规模化、产业化的同时也面临高投入、高风险的问题，为不同规模的稻作大户提供多种档次的保费保额选择可以有效提高对农户保障的程度；对于自然资源较为贫瘠的地区则因地制宜地开展农业指导或给予援助，以改善农业基础设施为主，缩小区域收入差距；通过"绿箱政策"（但不仅限于"绿箱"，如农村社会保障政策）制定靶向性的福利政策，增强政策的获益公平性。在保供给上，用活"黄箱政策"保护粮食等主要农产品供给。降低"黄箱"支持水平是未来农业支持政策发展不可避免的趋势，但也不必局限于"8.5%"的限制。当前随着"三项补贴"的"黄"转"绿"以及临储政策和最低收购价政策的改革调整，未来能够通过"黄箱政策"更好地为农业经营者尤其是稻作大户"提质增效"保驾护航。

（二）建立稳定的适度规模经营补贴增长机制，实施差异化补贴措施，分配资金向粮食生产大县倾斜

近年来，我国成功的改革都是建立在足够存量基础上的，通过增量改革来增加原先没有的利益，农业政策改革也不例外。要充分利用适度规模经营补贴资金实现"增量改革"。从资金投入来看,中央财政应继续加大对该项补贴资金的投入力度,建立稳定的适度规模经营补贴增长机制。在资金分配结构上,应向粮食生产功能区倾斜。各地应积极推动农村土地流转从而发展规模经营,鼓励新型规模经营主体因地制宜地选择不同的补贴方式。对于与种植面积相挂钩的现金直补方式,单户要设置相应的补贴上限,换言之,对一定经营面积范围的种粮农户按实际种粮面积给予补贴,种植规模过大的商业化农户能够获得高于平均水平的利润,不应作为这种补贴方式的补贴对象。鼓励规模经营主体承接病虫害统防统治、农民培训、农资供应、农业基础设施管护等社会化服务,通过政府购买服务等方式给予支持并逐步扩大支持范围和规模,同时对社会化服务开展第三方绩效评价,根据实施绩效调整今后契约服务量。完善农业信贷担保财税配套政策。一方面通过财政手段继续通过资本金注入、财政贴息、风险补偿等方式以提高农担公司的可持续经营能力,另一方面给予政策性、公益性、保本微利的农担公司税收优惠,以使其实现社会效益最大化。适当增加县区、乡镇政策实施工作经费,工作经费的资金分配可以与农业支持保护补贴的分配比例相挂钩,同时尽可能向乡镇倾斜,向经济不发达、财力较薄弱的地区倾斜。

(三)细化对稻作大户的补贴机制,协调好公平与效率问题,发挥其带动小农参与现代农业进程的优势

2018年中央一号文件明确提出,要按照适应世贸组织规则、保护农民利益、支持农业发展的原则，抓紧研究制定完善新型农业支持保护政策体系。现在的支持政策里面，对"黄箱政策"进行进一步的调整、改进，进一步加大"绿箱政策"的使用力度。针对水稻品种，要完善最低收购价的补贴空间，同时加大农业支持保护补贴的力度。要让小规模农业能够适应当前我国工业化发展阶段的要求，能够适应国际竞争压力的要求。结合国际贸易组织的规则，以保护农民种粮利益、支持农业生产为原则，用好价格补贴和直接补贴等不同类型的粮食补贴政策，多维度地对保障粮食安全进行有效调控。充分发挥市场在资源配置中的决定性作用，通过价格补贴来引导生产，调节种植结构，管理好政策预期，进一步完善稻谷最低收购价政策，逐步调控好市场竞争力。发挥好农业支持保护补贴对稻作大户要素投入以及支持适度规模经营的导向作用。健全农业担保体系以及农村金融的支持，完善激励机制。稻作大户对于资金的需求较高，因此，缓解其信贷约束有利于刺激稻作大户农业生产的积极性。

（四）提升政策目标的引领作用，逐步引导农户生产行为与政策目标同步

农业支持保护补贴的政策目标是耕地地力保护和支持适度规模经营，而稻作大户生产所追求的是增加粮食产量进而增加收入。因此针对适度规模经营主体的补贴目标的设计，应由激励型补贴向功能型补贴转变，由覆盖型补贴向环节型补贴转变，增量补贴重点针对适度规模经营主体。完善农业社会化服务体系，降低规模生产的交易成本,提高适度规模经营主体收益的空间,刺激其增加"扩耕"的投入。鼓励绿色生产理念的践行,使农业生产与市场、环境协同发展,鼓励稻作大户对耕地改良和农业基础设施的投入,采用"先做后补"的方式支持提高农业组织化程度,鼓励合作社、家庭农场、专业稻作大户参与多种形式的合作与联合,节约交易成本。

(五)加强农业补贴政策的宣传,提高劳动者绿色生态的意识

健全新型职业农民培训体系,开展切合实际的培训,从意识形态上影响稻作大户的生产行为。创新培训方式和内容,开展多种形式的知识技能培训,湖南省稻作大户老龄化严重,对于知识的消化和吸收具有一定的局限性,因此需要创新培训方式和内容。加强绿色生态理念的推广,引导稻作大户改变粗放型生产的理念,为水稻种植提质增效,使其产品更好地适应市场的需求。

附录1
益阳草尾镇土地信托流转模式调研

土地流转问题一直都是各界讨论和关注的热点话题，为了深入了解农村土地流转的实际情况，笔者于 2017 年 4 月前往益阳市沅江草尾镇。湖南土地确权之所以选在草尾试点，有着现实考量。一是草尾镇是沅江市最大的农业型乡镇，蔬菜产业比较发达。二是草尾镇不是城乡接合部，试点不会改变用地性质，不会触及土地政策底线。三是该镇有一定的土地流转传统。带着对土地流转模式的一系列问题，专访了土地流转公司时任负责人曹建安、农业局相关领导、参与流转的大户和拒绝流转的村民。重点关注：草尾镇"土地信托"流转模式的缘起、模式，政府在土地信托流转模式中扮演的角色，土地流转过程中的实际困难，同意参与流转农民的想法，拒绝参与流转农民的顾虑，政府如何平衡风险与效益。

一 政府与信托公司访谈

1. "草尾模式"是如何产生的?

曹主任介绍了"草尾模式"的基本情况。湖南省益阳市草尾镇是湖南省农村土地确权试点乡镇,草尾镇蔬菜产业比较发达,土地流转频繁。而在传统的流转形式中,由于政府角色缺位,企业与千家万户打交道难度很大,企业怕农民毁约,农民对投资商不信任,土地流转比较艰难。2008 年,益阳市开始在草尾镇首个试行农村土地信托流转:政府出资在乡镇设立土地信托机构,农民在自愿的前提下,将名下的土地承包经营权委托给政府的土地信托机构,并签订土地信托合同,农业企业或大户再从信托公司手中,连片租赁土地从事农业开发经营活动。2012 年初,益阳市确定草尾镇作为确权颁证试点,随后在这里试行了土地信托流转,让政府出资建立土地承包经营权信托机构,稳妥推进了农村土地信托流转,形成了农村土地信托流转的"草尾模式"。

2. "草尾模式"的做法?

由镇政府全资注册农村土地承包经营权信托公司,负责健全工作网络和机制,组建土地信托流转服务中心,使农村土地流转走上了规范化、法制化、规模化的轨道。整个流转过程中农民无须花费任何费用,企业每年每亩地只需交 10 元手续费。

3. 政府在土地信托流转模式中扮演的角色?

"草尾模式"的基本做法是:由政府出资在乡镇建立土地承

包经营权信托机构（公司），农民在自愿的前提下，将名下的农村土地承包经营权委托给土地信托机构，并签订土地信托合同，农业企业或大户再从政府土地信托公司手中连片租赁土地从事农业开发经营活动。通俗点说，就是政府充当企业和农民之间的中间人。政府现在是时候要退出了。

4. 政府为什么要逐步退出？

起初，政府是参与整个流转过程的，到今天，我们已经有8年的信托流转基础了，基本的制度均已经形成，协议文本充分地保障了农户和公司双方的利益，比如我们基本按照每亩500斤粮食折价，也就是675元/亩的价格来操作。

5. 目前，草尾镇粮食生产情况是怎样的？

全镇有15万亩田，按照我们的规划，9万亩种粮食，这个是底线不能少，3万亩种蔬菜，继续保留我们的传统优势产业，剩下的发展特色种植，主要是稻田养虾。大户流转土地稻田养虾的好处是，粮食可以保租金，龙虾可以增加效益，我们益阳的龙虾基本上是直供广州，龙虾协会在销路上起到了积极作用。

6. 草尾镇目前的土地流转情况怎么样？

草尾镇15万亩耕地已经流转了9万亩，主要是在乐园村，乐园村有2个基地，大户基本种双季稻，一般小农户种一季稻。

7. "草尾模式"得以成功的关键是什么？

选择一个好的企业是土地信托流转关键所在，政府会着重在资质上进行把关，着重选取有资金实力、有良好信誉、有农业生产和管理经验的大户（公司）经营信托流转的土地，并做好各类专业化服务。

8. 政府还有其他保障措施吗？

草尾镇政府制定了加强土地信托流转奖励办法，对于信托流转快、质量高的村组优先安排国家涉农项目资金，对于来草尾土地发展产业500亩以上的，政府奖励现金一万元。而参与土地信托流转后的农民可以优先到基地打工，优先享有接受就业、技能培训的机会等，充分调动了农民参与土地信托的积极性。

9. 在土地流转信托过程中，有什么难处吗？

主要的困难来源于确权之前，所有权不清晰，流转争议很大，严重影响了流转的稳定性，现在农民有了"本本"，促进了流转的速度。回溯起草尾镇土地确权颁证的历程，2013年3月，草尾镇四民村和保安垸村的农民陆续领取到"集体土地使用证"、"农村土地经营权证"、"房屋所有权证"和"集体土地所有证"，前三个红本本表明这些物权全部为农民个人所有，后一个绿本本则是发给村和组的"集体土地所有证"，明确了过去仅在文件中模糊存在的"农村集体土地"，究竟哪些属于村集体，哪些属于组集体。每户户主分别在所在村组"鱼鳞图"（土地权属界线图）上捺下指印。而四个证书，标志着湖南农民开始真正拥有土地和房产等物权。

现在的主要困难有以下几点。①管理难：流转土地的大户要种经济作物，这和我们的9万亩耕地红线的目标有冲突；②用地难：流转土地的大户需要冷链加工，而建设用地指标有限；③融资难：经济作物的投入巨大，一般要600万元左右，目前地方政府补贴资金有限，且农业保险制度也不健全；④项目对接难：农业生产周期长，农户小而散，对接起来十分困难，对接以后农户毁约、企业毁约的风险也要考虑。

二　已流出土地农户的意愿

农户基本信息：45 岁，户主，家庭常住人口 2 人（父母）。

1. 您家有多少亩耕地，流转了多少亩呢？

我家里有十几亩，全部流转了。

2. 您家土地流出租金是多少钱一亩，一般怎么支付的呢？

我的地比较分散，好一点的是 700 元/亩，差一点的 660 元/亩，租金一般是 3 月和 11 月结算。暂时不存在拖欠地租的问题。

3. 未来您愿意将您的土地继续流转出去吗？

我们一家人都在外务工，小孩要在镇上读书，老人家年纪也大了，田就没人种了，荒废了也挺可惜，这样流转以后，每年能有一定的收入对我们来说是非常好的，以后老了，在城市里面待不下去，回到农村还有个一亩三分地，对我们也是一种保障。未来 10 年我肯定是愿意将土地流转出去的，但是等我老了，回到农村，希望土地也能收回自己种。

4. 您关注流转以后的土地用途吗？

不关注，我也不知道村里把土地流转出去以后做什么，有的种西瓜，有的养龙虾，我只管我的租金有保障，别的事情暂时不关心，反正村里会帮我们把关。

三　未参与土地流转农户的意愿

农户基本信息：70岁，户主，家庭常住人口2人。

1. 您家有多少亩耕地，流转了多少亩呢？

我只有4亩多地，作为老年人，我不同意土地流转，我们乐园村一共流转了300亩出去了，14个队只有3个队没有参与流转。

2. 您不同意流转土地的原因是什么呢？

第一，我不划算。一亩地每年种植两季，每季产粮800~1000斤，两季至少有1600斤产量，按每斤谷子1.3元的国家收购价算，一年最少有2000元收成，除掉成本，还可以赚1500元左右，我还可以喂点家鸭。第二，担心耕地复原的问题。我种了几十年的田了，看着这些流转以后的田，我很心痛，有的种西瓜，有的养龙虾，我把土地给他们用了以后，企业要是跑了，谁来帮我恢复耕地。隔壁队的人收回耕地后，准备请人重新松土种水稻，结果养过龙虾后的田四周有一个沟，机械下去以后就卡住了，请吊车都花了600元，对农民来讲，租几年本来也没几个钱，把田破坏了，怎么办？而且现在我们村劳动力相对较多，本地务工工资也不算高，还出现拖欠工资的情况，他们自己生存都困难，我们去要钱也困难。

3. 您关注流转以后的土地用途吗？

当然，我们当了一辈子农民，良田当然要种粮食，现在是大家都有饭吃了,种田也没效益,大家都想抓收入,但是对我而言,我年纪大了,也不懂技术,也不懂销路,我只希望好田不要糟蹋了。

调研总结: 此时,刚刚结束博士阶段的专业课程,博士论文还没有开题,一直在寻找一个感兴趣的研究问题,正当一筹莫展之际,导师曾福生教授决定支持我们前往农村寻找答案。经过查阅资料,最终选择了离学校较近的湖南省益阳市的草尾镇进行土地流转的调研。这是我读博期间的第一次独立调研,带着稚嫩的问题来到一个陌生的地方,当我们带着介绍信来到镇政府时,工作人员热情地接待了我们,并且接受了我们的访谈,在此,特别感谢他们。经过这一次的调研,主要有以下收获:一是了解了土地确权的历史背景;二是了解了土地确权的困难;三是农户流转意愿受资源禀赋和年龄结构的影响,从调研的情况来看,年纪越大的农户对土地的用途、耕地保护的意愿高于年轻农户;四是土地流转需要注重耕地保护的必要性;五是土地信托想法是好的,但实际操作起来是否赢利有待时间验证。

附录 2
宁乡市、湘潭市"稻农施药"行为的调研情况

湖南省是粮食生产大省,依托学院的暑期调研项目,笔者于 2018 年 8 月前往宁乡市宁乡县和湘潭市开展"稻农施药"行为的相关调研,共收集了 150 份问卷。在问卷收集过程中,没有简单地一对一问问卷,而是将问题内化于心,采取深度访谈。主要了解了两地稻农的种植情况、成本收益情况、稻农对施药行为的认知、稻农的施药行为以及采取绿色生产行为的意愿,在此基础上思考了稻农施药行为的影响因素。

一 宁乡市稻作大户的施药行为

农户基本信息:42 岁,户主,男,家庭常住人口 5 人,从事农业生产的 2 人。

1. 水稻种植基本情况

我开始成为大户的种植年限有 4 年,主要种植双季稻,一般

指早籼稻和晚籼稻。今年种了84亩，租金是200元/亩，签订了3年的合同。种水稻亩均投入大概是400元左右，包括化肥、农药、种苗、劳动力、机械投入等，主要开支是劳动力投入，现在农村用工贵。亩产平均900斤左右，一般是卖1.2元/斤，种水稻一年的纯收入大概是5万元。

2. 稻作大户水稻用药投入

水稻从播种到成熟一般亩均农药投入在135元左右，在浸种期、秧苗期、拔节期、孕穗期和成熟期都需要施药，在种子时期主要是病虫害药，拔节期主要是虫害药。我们因为是大户，农药施药环节肯定要请人，一般人工费是200元一天，一个人一天大概能打15亩左右，我自己也负责一部分。现在村里面请人打药请不到，年纪大的干不动，年纪轻的觉得200元工资太低。

3. 稻作大户对施药行为的认知

近几年农药价格变高，但是病虫害防治效果一般，我认为主要是病虫害抗药性增强了。关于农药残留，我们作为大户肯定是知道的，但是当前对于稻谷产量影响较大的就是病虫害，通常情况下，我们只能通过增加用药次数来达到更好的防治效果。总体来说，我认为不洒农药是不可能的，但是我的稻谷肯定是安全的。

4. 稻农的施药方式

我们主要采用无人机撒药，以前种植面积小就使用人力施药机械，无人机一个小时能撒2亩左右，我们主要是外包给合作社，由合作社统一管理，相比自己打药，这样更节约成本一点。

5. 稻农的施药行为

我打药一般是以植保站等部门通知为主,农药的计量也严格按照植保站和说明书的要求,不会再用主观判断。一般情况下,我会在病虫害发生之前就打农药。防护措施:我在洒农药的时候会穿上长衣长裤,也会戴上口罩,但一般没有戴手套。

6. 施药后期工作

如果是没有用完的农药一般是退回经销店,撒完农药以后就在附近的河流、鱼塘清洗农药喷雾器,对于使用完的农药包装瓶、袋一般是到垃圾场处理。

7. 稻农对绿色施药行为的认知

我不知道生物农药是什么,在当前的情况下,我不愿意用生物农药替换化学农药,对于绿色防控技术的认识不够,怕影响产量。

8. 水稻常见病和常用农药

水稻常见病有稻飞虱、二化螟、稻瘟病、水稻纹枯病;常用的农药主要是三环锉、噻嗪酮、稻瘟灵、井冈霉素等。

二 湘潭市稻作大户的调研日记

农户基本信息:48岁,户主,男,家庭常住人口5人,从事农业生产的2人。

1. 水稻种植基本情况

我种水稻已经有10年了，今年种植面积是60亩，比去年增加了6亩，水稻种植类型主要是早籼稻、晚籼稻和粳稻，租金是100元/亩，签订了3年的合同，种水稻的亩均投入成本要1000元，其中机械投入和灌溉投入是主要成本。亩产平均1250斤左右，一般卖1.2元/斤，种水稻的纯收入在4万元左右。

2. 稻作大户水稻用药投入

农药投入大概是180元/亩，主要在拔节期和孕穗期需要打药，一般是病害打药和虫害打药居多，草害一次就好。

3. 稻作大户对施药行为的认知

近年来，我认为农药的效果变好了，但是价格比以前更贵了，关于病虫害的防治效果是一般，主要原因可能是病虫害的抗药性增强了。对于农药信息的获取主要是通过老乡和合作社以及电视，我认为农药方面的技术知识很重要。相对于虫害，我们这里病害比较严重。

4. 稻谷生产用途

我的粮食生产除了部分口粮以外，其余的都是被国家储备粮库收购，收购方一般看中的是水稻的内在特征，主要检测是否有农药残留。今年我们家的水稻接受相关部门的检测达2次以上，我认为我的水稻是比较安全的。

5. 稻农的施药方式

我主要是采用人力施药机械，一个小时能撒5亩左右，平时打药时间主要是看到别人开始的时间，农药的使用量主要是参考说明书和农药商的推荐，一般会选择比农药使用说明书的用量更多的量。

6. 稻农对绿色施药行为的认知

有听说过生物农药，去年使用过一次，对于病虫害防控有一定作用，这个有一个问题就是，如果区域内都用绿色防控技术就更好，很多害虫是会飞的。

7. 水稻常见病和常用农药

水稻常见病有稻飞虱、二化螟、三化螟、稻蓟马、稻瘟病、水稻纹枯病、稻曲病；常用的农药主要是三环锉、蚍虫林、噻嗪酮、稻瘟灵、咪鲜胺、井冈霉素、阿维菌素等。我一般使用的是微毒农药。

三　调研思考

此次调研以后，我了解了稻农施药行为的相关决策过程，结合已有研究，可以尝试探讨补贴激励对稻农绿色生产行为的影响。绿色生产行为包括哪些？农户采纳绿色生产行为的决策路径是什么？在查阅大量文献的基础上，我申请了2020年湖南省社科基金青年项目，以下是申报书的部分观点。

本课题主要通过总结由农户家庭资源禀赋及经济社会背景决定的农户绿色生产决策行为的特点，并结合农业现代化发展等实际要求，回答影响稻作大户绿色生产行为的影响因素"是什么"，探讨完善以绿色生态为导向的农业补贴制度体系"应该怎么做"等问题。为此,梳理了国内外相关研究的学术动态。

(1) 农户绿色生产行为

农户绿色生产行为主要指农户在生产过程中绿色农业技术采纳行为,包括秸秆还田、测土配方、化肥减量、绿色施药行为等。农户作为理性决策人,在决策之前会衡量采取绿色生产行为的预期净收益是否大于当前生产习惯的净收益,当前者大于后者时,农户通常选择采纳(余威震等,2017;林毅夫和沈明高,1991)。对于种类繁多的农业技术,农户根据自身要素禀赋具有不同的技术需求,而技术需求的优先序大多由技术的盈利能力决定(朱月季,2014)。特别是水稻种植户,农户依据对技术需求的重要性排序,分别是新品种技术、新农药化肥技术、栽培技术。与栽培技术不同,新品种技术不需要农户投入额外时间,在农民普遍兼业、务农机会成本较高的背景下,农户更倾向于选择省时高产的新品种技术(廖西元等,2004)。由此可见,增产增收依然是农户做出采纳决策时的基本出发点。农户绿色生产行为决策主要受风险偏好、个体特征、资源禀赋以及绿色生产推广制度的影响。

(2) 农业补贴与农户行为

农业补贴对农业生产者行为的影响主要体现在农户投资行为、农户种植行为和农户劳动时间配置行为。一是补贴对农户投资行为的影响。直接补贴政策在一定程度上起到削弱农户风险的作用,促使农户增加农业生产投资(Sulewski,2015)。经研究表明具有高负债水平的农户倾向于更少的生产和投资

(Chambers，1986；Obeng，2017）。二是补贴对农户种植行为的影响。Mcintosh研究了农户在反周期（Counter Cyclical Payment，CCP）支付政策下的种植行为，设计了一个实验模拟并通过不同情景条件下农户如何决策，模拟研究表明农户倾向于扩大种植保护性农作物品种（Mcintosh，2010）。三是补贴的收入效应和风险保障效应。在农户风险规避偏好下，补贴政策能够通过减缓农户收入波动，引导农户扩大农业生产规模。对主要农作物种植面积的增加具有一定的促进效应（Adams，2001）。四是补贴对农户劳动时间配置行为的影响。补贴可以通过三种不同途径影响农户的劳动时间分配决策：①通过增加农业劳动边际价值；②通过增加农户家庭财富；③通过削弱农户收入波动（Burfisher，2012）。

（3）农户绿色生产行为效应

目前，农户绿色生产行为效应主要集中在增产、增收和生态效应等方面。学者们对绿色生产的生态效应研究结论基本上是一致的，普遍认为农户绿色生产是实现农业可持续发展的重要途径（Dubey and Kumar，2006；周小武，2016）。但对其增产和增收的研究却颇有分歧，由于绿色生产方式众多，不同决策对不同农户而言，其增产增收效应存在差异。一是增产效应。赵连阁和蔡书凯（2013）以安徽省农户为例研究绿色病虫害防控技术对水稻产量的影响，研究表明，采纳化学防控技术的农户的水稻平均产量为7213.74kg/hm²，比未采纳化学防控技术的农户高出263.69kg/hm²，采纳生物防控技术的农户的水稻产量均值为

7296.54kg/hm²，比未采纳生物防控技术的农户高出297.74kg/hm²，而物理防控技术的影响却不显著。二是增收效应。相关学者对农业绿色生产技术可能带来的经济效益也较为关注，是否会出现增产不增收的现象？对于成本，学者研究结论不尽相同。有学者认为绿色农业技术的采纳能大幅度提高农户的收入，但也有学者认为技术采纳会对农户收入起负向作用。

综观国内外研究，学者们采用经济学、社会学和心理学等交叉学科分析农户绿色生产行为，现有研究已形成了比较完善的理论框架，并产生了大量成果，为本研究奠定了坚实的基础。现有研究仍有发展空间：一是已有研究侧重对农户采纳某一种农业绿色生产行为及其采纳效应分析，而对于农户集成绿色生产行为及其效应的研究成果相对鲜见；二是在探讨农户绿色生产行为需求的影响因素时，大多采用Logistic或Probit模型确定主要影响因素，少有研究探讨这些影响因素的层次性；三是已有关于农业绿色生产效应的研究多聚焦于单项绿色农业技术带来的产量与收益效应等方面，而对集成农业绿色生产及二者的差异性的研究较少；四是从研究主体来看，现有文献集中在家庭经营的小农户的绿色生产行为，新型农业经营主体作为现代农业发展的主要力量，需要进一步引导他们生产绿色化，这也是促进小农户和现代农业有机衔接的重要主题。综上，可借鉴前人研究成果，以完善绿色生态导向的农业补贴政策框架及政策评价为研究对象，在分析稻作大户采用绿色生产行为机理的基础上，建立了基于过程的"认知—意愿—行为—效应确认—政策激励"的研究框架，并以此为基础，深入探讨影响稻作大户绿色生产行为决策的关键因素，从理论分析与实证验证两方面研究稻作大户绿色生产行为决策的影响因素，进而考量单项和集成绿色生产决策的采纳效应，为政府补贴政策激励提供方向。

附录 2　宁乡市、湘潭市「稻农施药」行为的调研情况

附录 3
利益联结、选择性激励与联合社的稳定性研究
——基于隆平联社的案例研究[*]

摘要：利益联结是促进联合社合作稳定的内源动力，联合社为成员合作社提供经济激励和社会化激励，有利于提高农业组织化程度、节约交易成本、提高利润空间，避免了联合社成员退社等不稳定状况。选择性激励的实施是联合社稳定的保障措施，伴随联合社规模的扩大，当组织成本大于利润时，联合社会选择减少社会化服务的数量或者缩减规模以保障联合社的利益，此时，实施选择性激励，建立退出约束机制，可减少"隐性退社"等不稳定现象，在一定程度上保障了联合社的稳定性。

关键词：合作社；联合社；稳定性；利益联结；选择性激励

---

[*] 本文发表于《湖南科技大学学报：社会科学版》2018 年第 5 期，作者署名为周静、曾福生。

一 引言

2007年7月1日起实施的《中华人民共和国农民专业合作社法》（以下简称：《农民专业合作社法》）中提出鼓励农民专业合作社发展后，农民专业合作社数量增加迅速。据国家工商总局统计，截至2017年11月底，依法登记的农民专业合作社达199.9万家，是2007年的76倍[①]。我国农民专业合作社在快速发展的过程中，也暴露出了一些问题，如规模小、实力弱、合作方式单一、整体竞争力不强等，导致在市场竞争中处于不利地位，影响功能的发挥[②]。合作社的联合是有效改善单个合作社发展弊端的途径之一，已在实践中显示出强大的生命力[③]。截至2017年12月，全国共有联合社7200多家，涵盖农民专业合作社9.4万多家，加入联合社的合作社仅占4.7%左右[④]。2018年7月1日起实施的新修订的《农民专业合作社法》增加了农民专业合作社联合社的内容，这将对农民专业合作社的合作与联合提

---

① 数据来自"贯彻新修订农民专业合作社法与合作社规范化建设研讨会"会议资料第3页。

② 黄祖辉：《农民合作：必然性、变革态势与启示》，《中国农村经济》2000年第8期，第4~8页。

③ 苑鹏：《农民专业合作社联合社发展的探析——以北京市密云县奶牛合作联社为例》，《中国农村经济》2008年第8期，第44~51页。

④ 数据来自《〈农民专业合作社法〉11年了！一起来回顾下前几次修订历程》，http://www.nfncb.cn/content-1169-1155758-1.html。

供法律依据。

随着联合社的发展，学者们逐渐意识到合作社之间联合不仅能通过拓宽销售渠道、发挥规模经营优势等提高合作社的市场竞争力，而且能降低单一合作社的交易成本、提高市场议价能力以及经营管理服务等[1]，还在反映农民诉求、带动农民参与公共政策制定等方面发挥作用[2]。无论联合社如何组织，均以促进联合社发展、保证发展稳定性为目标，而稳定长久的合作关系离不开利益激励和约束机制的建立，利益联结是促进合作稳定的内源动力[3]。

在联合社形成过程中，当存在联合的潜在利润时，产品同质化的合作社群体交易成本更低，更容易促进诱致性制度变迁而产生同业联合社；产品异质化的合作社群体，可能由于合作社之间利益诉求差异，而难以自发形成联合社。但可以在外部力量（如政府或公共部门）的干预下，通过强制性制度变迁而产生异业联合社[4]。本文将结合实际案例，讨论合作社群体可以基于利

---

[1] 潘劲：《中国农民专业合作社：数据背后的解读》，《中国农村观察》2011年第6期，第2~11页；柳岩：《湖南省隆平粮社的合作与联合经验及启示》，《中国农学通报》2016年第32（1）期，第188~192页。

[2] 王海龙、吴怀琴：《农民合作社联合社的发展模式及思考》，《经济纵横》2015年第360（11）期，第93~96页。

[3] 何安华：《土地股份合作机制与合作稳定性——苏州合作农场与土地股份合作社的比较分析》，《中国农村观察》2015年第5期，第51~61页。

[4] 刘同山、周振、孔祥智：《实证分析农民合作社联合社成立动因、发展类型及问题》，《农村经济》2014年第4期。

益联结机制，形成区域内稳定的互利共生关系，进而实现联合的可能。重点研究以下几个问题：①合作社实现联合的利益联结机制的形成；②合作各方如何保证利益联结和约束从而达成合作的稳定性；③联合社如何协调集团的规模和提供最优服务的数量等问题。以期为合作社的联合以及联合社的稳定发展提供参考。

二 联合社稳定性的分析框架

基于理性人假设，奥尔森认为：规模不等的小集团更能促进集体行动的形成；具有选择性激励的集团比没有这种激励的集团更容易组织起来[1]。当存在规模不等的小集团，即成员的"规模"不等或对集体物品的兴趣不等的小集团时，因为某个成员对集体物品的兴趣越大，他能获得的集体物品带来的收益份额就越大，集体物品是可能被提供的[2]。伴随集团规模扩大，组织成本提高，当集团提供的服务无法达到最优数量时，会降低集体成员所获得的利益，集团内部的稳定性会受"搭便车"行为的影响，出现不稳定状态。

---

[1] 奥尔森、陈郁、郭宇峰、李崇：《集体行动的逻辑》，格致出版社、上海人民出版社，2014，第56~60页。

[2] 孔祥智：《合作社：集体行动的逻辑》，《中国农民合作社》2015年第9期，第43~43页；袁久和、祁春节：《异质性农民专业合作社成员合作关系及其稳定性研究》，《财贸研究》2013年第24（3）期，第54~60页。

(一)联合社与合作社利益联结的方式

联合社为成员合作社提供社会化服务,成员合作社可以在联合社的指导下降低交易费用、提高市场竞争力,获取更高的经济效益。

合作社和联合社之间的利益联结机制是双方联合稳定的内在驱动力。对合作社而言,成本和利润是决定其是否参与联合的动因,在联合有利于其提高要素配置效率、增加利润空间的前提下,合作社倾向选择联合。下面分析合作社加入联合社的成本收益,以及利益机制的产生。联合社的主要职能是为成员合作社提供社会化服务,包括种子化肥等生产资料的供给、技能培训、品牌建设等,使其更好地参与市场竞争。

联合社的收益主要由社会化服务的数量决定,当成员合作社的数量和规模越大,其所需要投入的生产资料越多,消费的社会化服务数量增加,进而联合社的收益增加。但联合社规模是否能扩大取决于成员合作社所获得的好处,即合作社与联合社之间的利益联结机制是否形成。联合社统一采购农资,具有较高的议价能力,能有效降低合作社的中间成本,并通过联合社的技能培训及服务,改善生产品质、拓展市场、增加合作社的收益。因此,加入联合社后能有效降低交易成本。

(二)选择性激励的实施办法和效果

联合社实施选择性激励(Selective Incentives),包括经济激励（如降低交易成本）和社会性激励（如荣誉和学习机会等）。而对于挂牌不经营、挂牌不合作等"违规"合作社，联合社实施退出的约束机制，避免出现"搭便车"行为。为了克服"搭便车"的倾向，奥尔森教授设计了一套"选择性"激励，对集团内的成员实行区别对待，对于那些为集团利益增加贡献的人，除了享有正常的集体利益，还享有额外的收益，例如奖金、红利等经济激励，荣誉或访问学习等社会激励。而对于损害集团利益的成员，集团则通过制度约束，对其进行惩罚，包括罚款、通报批评或开除处理。奥尔森认为实施选择性激励的集团比没有实施选择性激励的集团更稳定。

选择性激励的实施分别从两个方面影响联合社的发展，经济激励和社会激励有利于形成稳定的利益联结机制，而退出约束机制有利于控制联合社发展的组织成本。联合社的规模受组织成本的限制，当联合社组织成本过高时，联合社可以选择削减规模或者减少提供社会化服务的数量来降低组织成本，以保证联合社的利润。相比较这两种方式，减少社会化服务的数量会降低成员合作社所获得的好处，将导致成员合作社出现退社等不稳定因素。而缩减联合社规模，清除不利于联合社发展的成员合作社，一方面降低了联合社发展的组织成本，另一方面保障了联合社的品牌效应。

（三）联合社稳定性表现形式和影响因素

本文所定义的联合社稳定性主要指避免合作社社员或合作社

违约和社员退出合作社等不稳定因素,当合作社出现违约、不遵循联合社章程等"搭便车"行为时,组织成本增加,合作的稳定性受限①。联合社稳定性受到组织合法性的影响②。内部合法性通过避免成员社"搭便车"、发挥成员社比较优势和实现成员社福利水平提升三条途径降低联合社内部运行风险,避免了联合社出现成员社主动退社、成员社"搭便车"和成员社隐性入社三种形式的合作不稳定状况。

合作社作为服务"三农"的重要载体,是"三农"政策扶植的重点,其生存和成长受到政府的制度性激励,但如果联合社没有相对应的退出约束机制,有可能出现合作社为了追求"制度激励"而"搭便车"的行为,因此,伴随联合社规模的扩大,实施选择性激励,对于损害联合利益的合作社予以清除,有利于提高联合的竞争力和稳定性。

(四)利益联结、选择性激励与联合社稳定性的关系

利益联结是合作社联合的动因,合作社参与联合社是为了追求更多经济激励和社会激励,而联合社也能伴随着规模的扩大产生更大的经济效应和品牌效应。但随着联合社规模的扩大,

---

① 罗必良:《合作机理、交易对象与制度绩效——温氏集团与长青水果场的比较研究》,《中国制度变迁的案例研究》2008年第00期,第555~606页。

② 张琛、孔祥智:《组织合法性、风险规避与联合社合作稳定性》,《农业经济问题》2018年第3期。

组织成本会不断增加。当联合社组织成本增加的速度大于节约交易成本的速度，联合社会选择减少提供社会化服务水平的数量或者选择降低规模，以保证联合社的利益。社会化服务水平的降低不利于合作社之间的联合，此时，会产生退社或"隐性退社"等不稳定因素。为了克服以上不稳定因素，联合社实施选择性激励措施，对于不参与合作的成员合作社予以清除，有效地降低了联合社组织成本，有利于克服联合社不稳定因素，如图1所示。

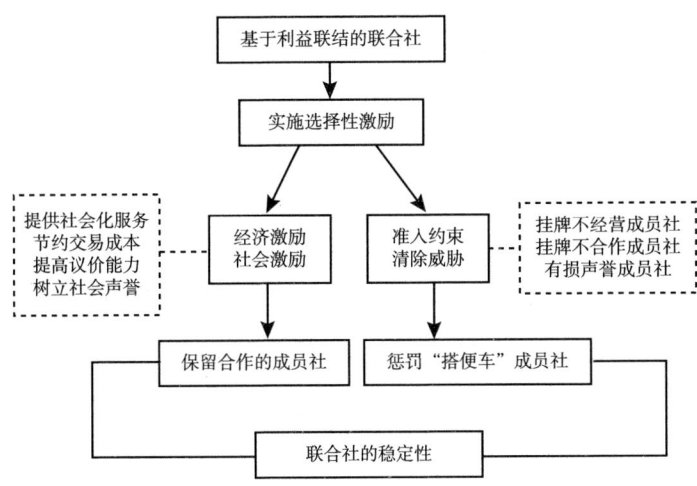

图1　联合社稳定性分析框架

三　案例描述：隆平联社的实践

"隆平联社"是由隆平高科牵头成立的联合社。2007年，由隆平高科与9家原有种粮协会发起，带有合作社性质的隆平粮社就诞生了。经过6年的成长，于2013年组建隆平高科种粮专业合作联合社，简称"隆平联社"。截至2017年12月，隆平联社有29个成员合作社，入社成员总数为3575户，土地流转面积77738.02亩，注册总资金7466.868万元，农机总数730台/套，仓储容量229382.8吨，加工能力106485吨/年，营销网点156个，注册商标16个。在过去的10年，隆平联社经历了隆平米社—隆平粮社—隆平联社的转变，主要经历了3个阶段。

第一阶段：龙头企业领办阶段。2007年，湖南隆平米业种粮专业合作社注册登记成立，成为湖南省首家以"龙头企业（袁隆平农业高科技股份有限公司）+合作社+农民"模式的种粮合作组织。同年9月第一批9个合作社成员加入隆平米业种粮合作社（简称"隆平米社"），2008年更名湖南隆平高科种粮专业合作社（简称"隆平粮社"）。其后，不断有新的合作社加入，虽然没有更名为联合社，但此时从组织形式上隆平粮社已具备联合社的功能。

第二阶段：更名联合社阶段。2013年，隆平粮社正式更名为湖南隆平高科种粮专业合作联社（隆平联社）。截至2013年底，在湖南省10个地市20个区（县）发展约50个合作社加入，入社农户19884户，种粮面积30.7万亩。通过成员合作社的合作与联合，利用隆平粮社的品牌优势，实现了成员合作社与联合社的利益联结。

第三阶段：联合社稳定发展阶段。截至2017年底，隆平联社由29家成员合作社构成，入社成员总数为3575户。其间，部分基层社不使用标准化技术，不参与联合社会议，甚至将不符合标准的产品贴牌"隆平"品牌标签进入市场，严重影响了品牌美誉度和产品的市场竞争力。为了保障联合社的集体利益，联合社实施选择性激励的措施。

隆平联社联合的合作社类型以粮食生产和服务粮食生产的合作社为主，主要类型如下。

（1）以优质稻种植为主的合作社。隆平联社中占比最大的合作社属于粮食生产类合作社。例如，新康隆平粮社、千重浪隆平粮社、双江口隆平粮社等均以优质稻种植为主。此类合作社入社农户平均100户以上，合作社通过流转土地，购置大型农机具，完善大米加工和烘干储存，为合作社社员提供机械化育秧、耕种、插秧、收割、运输、烘干、加工、销售等专业服务体系。

（2）以特色稻种植为主的合作社。这一类合作社属于新兴加入的合作社，科技含量较高。例如，蛙声隆平粮社、桂东隆平粮社、紫鹊界隆平粮社等均以特色稻种植为主，致力于特种彩色水稻的研发，目前此类合作社已形成产品研发、种植、技术服务、收购、加工、市场营销的特色彩色稻米产业链。

（3）以农机服务为主的合作社。例如，衡东县隆平联社红色村庄农机服务专业合作社和茶亭隆平联社专业合作社等均以提供农机服务为主,主要从事农机作业服务、水稻油菜种植和短途运输。

四 案例分析

从隆平联社发展的三个阶段,可以发现:利益驱动使得合作社愿意将自身的利益诉求依托于联合社,而联合社规模扩大后,部分合作社违背了合作原则,影响了联合的稳定性。通过访谈隆平联社的工作人员得知,2013年,隆平粮社就试图清除挂牌成员合作社,但当时隆平联社刚成立,处于扩张阶段,因此并未实际对外公布。直到2017年,随着联合社组织成本的提高,隆平联社逐步意识到规模控制和选择性激励的重要性,于是集中清理了挂牌基层社和不合作基层社21家。

(一)利益联结机制与联合社的稳定性

成员合作社参与联合社以后,依托联合社提供的社会化服务,可以有效节约合作社的交易成本,提升成员合作社的利润空间,提高成员合作社的市场竞争力。除此之外,隆平联社对于积极发展生产的合作社,联社帮助其突破技术壁垒以及追求更高的社会激励。

在新康隆平粮社成立之前,其理事长袁虎2007年选择返乡创业,在湘江村办起了大米加工厂,经过3年的发展,袁虎决定扩张到生产环节。于是，在2010年，袁虎与村干部和农户协商以每年400元/亩的租金签订了1100多亩的土地转包合同，正式开始了规模种植。但一直经营大米加工厂的袁虎在水稻种植品种以及病虫防害技术上缺乏经验，亟须得到专业技术人才的指导，经过一年的探索，袁虎依托隆平联社提供的经验组建了新康隆平高科种粮专业合作社。袁虎严格实施隆平联社的"五个统一"（统一品种、统一机耕、统一病虫防治、统一收储、统一加工销售），生产成本降低了100多元/亩，为农民增收300多元/亩。通过集中连片种植统一的品种，粮社负责统一收购粮食，一般高于市场收购价30%，再加上最终卖粮后，粮社按照50元/亩统一返还种子费用给农民，每年都有新的农民希望加入粮食合作社。新康隆平粮社的规模已由最初的1100多亩扩大到2680多亩，产生了一定的规模效应。

蛙声隆平粮社加入隆平粮社之前以彩色稻种植为主，但彩色稻存在产量低和口感差等问题。在无高价收购订单时，农民不愿意种植，蛙声隆平粮社在隆平联社的指导下，与国内外研究机构合作，改进了品种的口感和产量，产量达500公斤/亩左右。除此之外还开发了彩色景观稻，极具观赏价值。这一技术的突破为蛙声隆平粮社带来了巨大的经济效益，2014~2016年在全省累计建立了8100余亩标准种植基地，采取品种等生产资料统供、生产过程生态管理、产品优价合同收购的方法运作，确保种粮农民增收。同时，隆平联社内部其他种植特色稻的成员社可以享受由联社提供的技术服务和现场指导。

隆平红色村庄农机服务合作社在加入隆平联社以前,主要从事农机作业服务和收割机跨区作业等。2012年加入隆平联社后,受其联合社内容部其他粮食生产成员合作社的带动,于2015年决定采用两条路并行——种植水稻和农机服务。合作社通过流转1500亩水田种植优质稻和彩色稻,采用隆平联社的"五个统一"模式,从机耕、机插、机械植保、机收到油菜机械直播全部采用机械化作业,合作社扣除土地租金、肥料、种子、农药等生产成本外,每亩可收益200元,2016年实现水稻种植收入250万元,农民亩均收入增加300元左右,同时,农机服务实现订单作业和跨区作业并举,2016年作业总产值380万元,相比加入隆平联社之前,经济效益明显。

以上3家合作社所处的地域和产品均不相同,在加入隆平联社之前也是从事农业生产,但加入隆平联社以后,联社为其提供了"五个统一"的标准化发展模式,有效地节约了基层社的管理成本和生产成本,增加了成员合作社的收入。除了经济收益增加以外,获得制度性激励也是合作社参与联合社的一个主要原因,加入隆平联社后,享受既定的品牌效应和产品质量的控制,除了产品在市场上可以获得更高的价格以外,合作社相比加入联合社之前更具有竞争力,更容易获取制度性激励,以上3家合作社均拥有较多的荣誉,新康粮社的理事长袁虎2013年受到习近平总书记接见,2017年受联社推荐前往德国黑森州农业厅学习等。制度性激励对合作社的发展是一种隐形的社会激励。因此，对于成员合作社而言获得的好处远远大于加入联合社的成本，合作社倾向联合。

（二）实施选择性激励与联合社的稳定性

选择性激励的本质就是要将参与联合社中的成员合作社区别对待，参与合作的成员社受到激励，不参与合作的成员社要受到惩罚。隆平联社为了保证联合社集体行动的效果，实施选择性激励，对于遵守承诺，采取合作行动的成员合作社，除了享受联合社提供的社会化服务以外，还推选优秀合作社创办人前往德国、法国等发达国家学习，给予其更多的社会激励。但当出现"搭便车"等不利于联合社发展的行为，如成员合作社不参加联合社的会议、不按照标准化生产产品、不遵守合作社章程，却依然享有联合社提供的服务的情况等，此时，对不利于联合社发展的成员合作社予以惩罚，最严重直接除名。

从 2017 年起，隆平联社入社实施申请考核制，入联社之前，合作社首先要提交申请，联合社会派专人核实合作社的生产经营情况，并且听取当地政府及村集体组织对该合作社的评价，综合考虑后再决定其是否通过审核，通过审核加入联社后，联社为其提供社会服务，共同追求品牌价值和政策性激励。但加入联社后一旦出现严重的"搭便车"行为，便会遭受退出的惩罚。2017 年，联合社对于不利于联合的成员社予以清除，清除后联合社仅剩 29 家成员合作社。根据罗必良对于稳定性的界定，认为社员或合作社违约和社员退出合作社属于不稳定，但这一界定的隐含条件是：合作组织中的社员能够识别合作与不合作的差异，以便观察到其他合作参与者的努力程度，进而能够进行有效的行为选择来促进合作的稳定。对于一个合作组织，如果不能进行有效的监督或不能限制隐形退出（挂牌不合作等情况），那么合作必定走向低效[1]。所以要提高合作的效率，隆平联社要对其成员合作社进行有效的监督和限制成员社隐形的退出。实施选择性激励缩减联合社规模，实际上是代替其成员社识别合作与不合作的差异，建立完整的准入约束和退出机制，对联合社内部的成员社实施有效的监督和限制隐形退出合作社的发展，进而提升联合社合作的效率。

（三）隆平联社联合的经验

从联合社的角度分析，作为一种非市场集团，它希望集团的规模扩大，分享收益和分担成本的成员越多越好。隆平联社采取的做法如下。

（1）"五个统一"模式，即统一品种、统一机耕、统一病虫防治、统一收储和统一加工销售，合作社均采用"隆平"高科专业合作社命名，业务范围主要包括耕、种、收、保、储开展服务，依托隆平联社的专业服务体系，带领合作社社员走标准化生产、品牌化管理、产业化经营的路子，大大提高了农民种粮的积极性。

---

[1] 罗必良：《合作机理、交易对象与制度绩效——温氏集团与长青水果场的比较研究》，《中国制度变迁的案例研究》2008年第00期，第555~606页。

(2) 提供社会化服务，增加合作社利润。隆平联社要求各成员社按照章程"办社就是办服务"的宗旨，加强推广良种，培训农业科技管理知识，联社为成员社开展政策辅导、法规培训，创立了联社文化，对"隆平"品牌的维护出台了文件予以保护。

(3) 实施选择性激励，保证联合的稳定性。对于遵循合作社章程的合作社实施各种类型的奖励，但是一旦不参与集体行动，不遵守合作社章程，不参与联合社提供的各项技能培训，以及不注意维护隆平联社的品牌等现象，将实施严格的退出机制，提升合作的效率，这一举措的实施有利于保障集团内部的稳定性。

五　结论与讨论

通过隆平联社个案研究发现，联合是单个合作社追求利润的产物，增强联合社联合的紧密性以及稳定性对于合作社的发展至关重要。隆平联社案例显示：联合社的稳定性取决于成员社联系的紧密性，也就是互利共生关系是否形成，而合作社决定是否参与联合社取决于其在联合社是否获得收益。一旦联合社提供的社会化服务和激励对于成员合作社失效，成员合作社会出现"搭便车"行为，进而出现成员合作社违约或者隐性退社等不稳定状态。在其他条件不变的情况下，联合社为了保证合作的效率，会通过选择性激励来识别和惩罚不参与合作的成员合作社，提高合作的效率。虽然联合社的规模缩小但更稳定，这也符合隆平联社目前发展现状。基于隆平联社的个案研究验证了2003年奥尔森提出的观点，人们往往在乎联合社的规模，而忽视了联合社联合的稳定性。

本文研究结论具有重要的政策含义。第一，在新的制度背景下，支持适度规模经营的重点不在规模而在于经营。如何使合作社更好的经营需要创新利益联结机制，吸纳不同规模的跨区域、跨品种合作社加入联合社，延长产业链，形成稳定的利益联结机制。第二，选择性激励的实施是联合社稳定发展的重要因素。要避免出现合作社违约的情况，在加入联合社之前实施申请审核制。在入社后，对于不合作的成员社实行惩罚约束。第三，继续深化地方性法规、登记管理办法等文件，为农民专业合作社的合作与联合提供重要的保障。本文为考察合作社参与联合的动因以及联合社的稳定性提供了新的分析视角，但其中也存在一些不足，需作进一步探讨。第一，集体行动逻辑的理论前提是个体是有理性的、寻求自我利益的个人，在供给集体物品时倾向于"搭便车"，除非出现能从中获得很大利益的个体，否则不会参与集体行动。但在现实社会中，合作社的发展不仅依托于联合社提供的社会化服务，还依托于内生的发展，隆平联社能为成员合作社提供专业的社会化服务，降低了成员合作社的技术壁垒，提升了市场竞争力，形成产业链共生关系。基于品牌的效应，在联合社集体物品提供不能达到最优的情况下，合作社仍愿意参与集体行动。第二，本文研究的隆平联社历经十年，跨过3个阶段，实现了从龙头企业领办的合作社到农民专业合作联合社，主要依托于袁隆平农业高科技股份有限公司形成的产业链共生关系，但不是所有的联合社都能获得这类龙头企业的支持，如何创新联合社的组建方式可以作为进一步研究的问题。第三，案例的代表性。本文中隆平联社的联合是强者的联合，联合社的进入和退出均有较严格的规定，因此，基于隆平联社得出的研究结论不适用于不能实施选择性激励的联合社，未来可以选择多种类型的粮食专业合作联合社进行横向比较。

【后记】这篇论文是在调研过程中，发现大部分稻作大户都加入合作社，甚至是合作社的领办人，而加入合作社后在一定程度上对于节约交易成本以及提高粮食质量有一定作用，合作社是承载农村社会化服务的主要载体，因此探究小农为什么可以联合其背后的联结机制是什么，也许这是除了农业支持保护补贴以外的一种市场力量。该案例具有一定的推广性和可复制性。

附录4
湖南省种粮大户的调查问卷及访谈提纲

问卷编号：_____ _____省_____市_____县（区）_____镇（乡）_____村

尊敬的种粮大户：

您好，这是一份关于粮食补贴政策与种粮大户生产行为的调查问卷。问卷中问题的答案无对错之分，您填答的所有资料仅供学术研究使用。我们郑重承诺，对您提供的数据我们予以保密，请您按照实际情况或者自己的真实想法进行填写。非常感谢您的合作与参与！

湖南农业大学经济学院粮食安全课题组
2017年12月

农户个人情况			
1	姓名：		电话：
2	年龄		（　）周岁
3	性别		（　）1. 男；0. 女

续表

农户个人情况			
4	文化程度?（ ）	1. 不曾上学;2. 小学;3. 初中;4. 高中/中专;5. 大专及以上
5	您是户主吗?（ ）	1. 是;0. 否
6	是否为党员?（ ）	1. 是;0. 否
7	是否担任干部?（ ）	1. 是;0. 否
8	是否为农业生产决策者?（ ）	1. 是;0. 否
9	您是本地人吗?（ ）	1. 是;0. 否
农户家庭情况			
10	家庭常住人口(大于6个月/年)	（ ）人
11	家庭从事农业生产人口	（ ）人
12	15岁以下儿童	（ ）人
13	65岁以上老人	（ ）人
14	水稻种植年限	（ ）年
15	规模种植年限(大于30亩)	（ ）年
16	现在除了种植水稻,还做别的工作吗?	（ ）1=只种粮食;2=有别的工作但不是打工;3=打工
17	现在您在哪里打工?（ ）	（ ）1=本乡/镇;2=本县;3=本市;4=本省;5=外省
18	以前,您除了种田还从事过其他职业吗?（ ）	（ ）例如司机、经商、村干部、手工艺人等
19	以前,您从事以上非农就业的时间有多长?	（ ）年
20	是否家庭农场?	1. 是;0. 否
21	是否加入水稻专业合作社?	1. 是;0. 否
22	是否水稻示范户?(示范基地或其他示范组织)	1. 是;0. 否
23	您家水稻有认证吗?	1. 无公害认证;2. 绿色认证;3. 有机认证;4. 没有认证
24	您家大米是否获得地理标志证明商标?	0. 否;1. 是

217

续表

第三部分　农户经营耕地和农作物播种面积		
25	自有耕地面积	（　）亩
26	流转他人耕地面积	（　）亩
27	土地大致分为几块	（　）块
28	签订流转土地合同的年限	（　）年
29	流转价格	（　）元/亩
30	水稻种植类型	（　）1. 普通稻；2. 杂交稻；3. 两者都有
31	水稻复种情况	（　）1. 一季稻；2. 双季稻；3. 一季稻+（油菜、花生、其他）
32	2017年水稻种植方式	（　）1=水稻直播；2=机插秧；3=人工插秧；4=抛秧；5=点播
农户粮食生产投入指标		
33	种苗投入	（　）元/亩（早）、（　）元/亩（中）、（　）元/亩（晚）
34	有机肥投入	（　）元/亩
35	化肥投入（一季）	（　）元/亩
36	以下数据均是一亩田的投入	复合肥：一亩田所用数量（　/包）×金额（　）
37		尿素：一亩田所用数量（　/包）×金额（　）
38		碳酸氢铵：一亩田所用数量（　/包）×金额（　）
39		过磷酸钙：一亩田所用数量（　/包）×金额（　）
40		钾肥：一亩田所用数量（　/包）×金额（　）
41		其他化肥投入：一亩田所用数量（　/包）×金额（　）

续表

	农户粮食生产投入指标	
42	农药投入	（　）元/亩
43	劳动力投入	插秧环节：雇工（　）元/天 （　）亩/（天·人）（一个人一天可以插秧多少亩）
44		撒药环节：雇工（　）元/天 （　）亩/（天·人）（即一个人一天可以撒农药多少亩）
45	机械投入	（　）元/亩（插秧） （　）元/亩（耕地） （　）元/亩（收割）
46	灌溉投入	（　）元/亩
47	其他投入	（　）元/亩
48	结合以上推算，亩均种粮成本	（　）元/亩
	农户经营耕地产出指标	
49	亩产	（　）斤（早稻）、（　）斤（中稻）、（　）斤（晚稻）
50	单价	（　）元/斤（早稻）、（　）元/斤（中稻）、（　）元/斤（晚稻）
51	自留多少斤？	（　）斤（早）、（　）斤（中）、（　）斤（晚）
52	自留种子用途？	1.口粮；2.种粮
53	卖出去多少斤？	（　）斤
54	您的稻谷卖给谁了？	（　）：1＝中储粮；2＝代收代储企业；3＝商贩；4＝加工厂；5＝自销；6＝其他
55	您的粮食销售价格和国家最低收购价（国有企业收购）相比	1.高于国家最低收购价 2.低于国家最低收购价 3.等于国家最低收购价
56	2015年您的粮食是多少钱一斤卖出的？	（　）/斤

附录 4　湖南省种粮大户的调查问卷及访谈提纲

219

续表

		农户经营耕地产出指标
57	2016 年您的粮食是多少钱一斤卖出的？	（　）/斤
58	2017 年您粮食是多少钱一斤卖出的？	（　）/斤
59	2018 年您的粮食是多少钱一斤卖出的？	（　）/斤
60	家庭总收入 （　）万元	1. 水稻种植收入（　）万元 2. 其他种植业收入（　）万元 3. 养殖业收入（　）万元 4. 外出务工收入（　）万元 5. 其他收入（　）万元
		稻农对农业支持保护补贴的态度和认知
61	您知道哪些补贴？	1. 耕地地力保护补贴 2. 适度规模经营补贴 3. 最低收购价补贴 4. 农机购置补贴 5. 农业保险补贴
62	您认为适度规模经营补贴按什么发放的？	1. 水稻种植面积 2. 自有耕地面积 3. 家庭人口 4. 不清楚
63	您认为耕地地力补贴按什么发放的？	1. 水稻种植面积 2. 自有耕地面积 3. 家庭人口 4. 不清楚
64	您收到过哪些补贴？	1. 适度规模经营补贴；2. 耕地地力保护补贴；3. 农机购置补贴；4. 农业保险补贴

续表

	稻农对农业支持保护补贴的态度和认知	
65	您对以上补贴标准清楚吗？	1. 清楚;2. 清楚部分;3. 不清楚
66	您获得过多少补贴？	1. 耕地地力保护补贴（　）元/亩×（　）亩 2. 大户补贴（　）元/亩×（　）亩 3. 农机购置补贴（　）元
67	您主要通过哪些渠道了解农业补贴政策(多选)？	1. 村干部;2. 电视;3. 亲戚朋友;4. 信用社;5. 合作社;6. 其他
68	您认为国家实施粮食补贴政策，最主要目的是什么？（排序）	1. 种粮利润低,通过补贴提高农民的收入 2. 化肥等农资涨价厉害,补贴给农民买农资 3. 通过补贴稳定种粮预期,提高农民种粮积极性 4. 保护耕地 5. 支持适度规模经营
69	您认为以下情况还能拿到补贴吗？（能打√,不能打×）	1. 抛荒 2. 改变土地的使用性质
	农户补贴使用行为	
70	您一般什么时候收到补贴？	1. 耕地地力保护补贴（　）月 2. 大户补贴（　）月
71	您一般什么时候取出补贴？	1. 到账立即支取;2. 有需要时再取;3. 其他
72	您家一般如何使用补贴金额？（多选）	1. 购买生活消费品,如烟酒等 2. 购买化肥、农药等农资 3. 多雇用人 4. 购买机械设备 5. 存起来,再考虑使用 6. 不确定,根据当时情况
73	您觉得粮食补贴对您粮食生产的作用大吗？	1. 没啥作用;2. 多少有点作用;3. 作用很大

续表

		农户补贴使用行为	
74	您认为目前实施的农业支持保护补贴对种粮大户公平吗?	1. 公平,相对以前我获得了更大的支持 2. 不公平,原因:( ) 3. 没有明显感觉	
75	您对水稻种植收入满意吗?	1. 非常不满意;2. 比较不满意;3. 中立;4. 比较满意 5. 非常满意	
76	当前水稻种植的风险如何?	1. 风险非常小;2. 风险比较小;3. 风险一般;4. 风险比较大;5. 风险非常大	
77	基于当前的补贴力度,您未来2~3年水稻种植面积计划	1. 扩大规模;2. 规模保持不变;3. 缩小规模;4. 放弃生产	

稻农对农业支持保护补贴的满意度评价

内容\打分	1.极不满意	2.不满意	3.还行	4.比较满意	5.非常满意
补贴发放金额					
补贴发放时间					
补贴申报方式					
补贴发放方式					
补贴政策宣传					
补贴总体情况					

适度规模经营补贴与扩耕行为分析

78	适度规模经营补贴对扩耕意愿的影响	如果适度规模经营补贴金额增加,您会扩大水稻种植规模吗?	1=会;0=不会
79		补贴增加10%,您如何决策?	1. 多种( )亩 2. 少种( )亩 3. 不变
80		如果补贴下降,您会少租一些地吗?( )	1=会 0=不会
81		补贴下降10%,您如何决策?	1. 多种( )亩 2. 少种( )亩 3. 不变

续表

		适度规模经营补贴与扩耕行为分析	
82	适度规模经营补贴对农地流转价格的影响	发放适度规模经营补贴以来,流转租金增加了吗?( )	1 = 是 0 = 不是
83		如果增加了,平均增加了多少?	( )元/亩
84		如果没增加,为什么? (填写文字)	1. 合同约定了价格 2. 农业利润低,再增加承担不起 3. 其他
85	适度规模经营补贴对农地流转规模的影响	收到适度规模经营补贴,您打算多租一些地吗?( )	1 = 会;0 = 不会
86		如果会,打算少租多少?	( )亩
87		如果收购价一直往下降,您会少租一些地吗?( )	1 = 会;0 = 不会

适度规模经营补贴与种粮投入行为分析
(如果适度规模经营补贴上涨,您会如何选择?)

88	换用更贵的化肥和农药	1 = 是;0 = 否	
89	换用生物农药	1 = 是;0 = 否	
90	多用化肥和农药	1 = 是;0 = 否	
91	多租用农机进行生产	1 = 是;0 = 否	
92	多给工钱	1 = 是;0 = 否	
93	改种更好的水稻品种	1 = 是;0 = 否	

稻谷最低收购价与种植结构调整行为的分析

94	种植结构的调整	除了水稻,您目前还种别的吗?	( )1 = 只种水稻;2 = 还种其他的经济作物;3 = 主要种经济作物
95		(如果有)其他的作物是什么?	例如,油菜,玉米等
96		您种其他作物有多少亩?	( )亩

续表

		稻谷最低收购价与种植结构调整行为的分析	
97	种植结构的调整	如果只种水稻,当补贴下降时,您会考虑种其他作物吗?	( )1=会;0=不会
98		如果会,打算种多少亩?	( )亩
99		如果不会,为什么?(种植结构调整意愿和调整能力)	1.想种别的经济作物但不知道种什么 2.只会种水稻不想种别的(技术) 3.缺乏经验技术,种经济作物风险也很大(风险) 4.缺乏产品销路(销售) 5.树立了品牌,对种粮有信心(资产专用性) 6.其他原因

调研县相关部门访谈提纲

(一) 本县大户与小户的基本情况?

1. 咱们县 30 亩以上种粮大户有多少户?50 亩以上有多少户?

2. 还在种地的小户多吗?

(二) 本县对于适度规模经营主体支持的主要方式是什么?

1. 适度规模经营补贴的亩均补贴标准是多少?

2. 近几年这个亩均资金是否有调整,原因和依据是什么?

3. 补贴申报程序是什么?

(三) 本县补贴资金的发放程序是什么?

1. 发放补贴资金之前是如何核算耕地面积的?

2. 补贴是根据耕地面积、计税面积、确权面积还是种植面积核算的?

3. 核算过程中是否存在统计上的困难?

(四) 粮食最低收购价下调,本地大户的反应如何?是否对种粮积极性造成影响?

1. 最近三年粮食最低收购价出现了连续下调,您怎么看待这个现象?

2. 您认为应当如何确定这个价格才合理?

(五) 本县土地流转情况如何?种粮的成本高吗?

(六) 本县农业社会化服务及合作组织发展情况?

(七) 本县在促进粮食生产方面还有哪些扶植政策?(农机购置、农业保险等)

(八) 您认为当前农业补贴体系该如何优化?

参考文献

[1] 蔡立旺:《农户决策影响因素的实证研究——步凤镇农民植棉及品种更新的过程分析》,中国农业大学硕士学位论文,2004。

[2] 蔡荣:《农业生产决策权配置的理论分析与实证检验——基于"合作社+农户"模式》,《农业技术经济》2012年第8期,第46~55页。

[3] 曹宝明、李光泗、徐建玲等:《中国粮食安全的现状、挑战与对策》,中国农业出版社,2014。

[4] 曹慧、张玉梅、孙昊:《粮食最低收购价政策改革思路与影响分析》,《中国农村经济》2017年第11期,第33~46页。

[5] 陈飞、范庆泉、高铁梅:《农业政策、粮食产量与粮食生产调整能力》,《经济研究》2010年第11期,第101~114页。

[6] 陈美球、钟太洋、吴月红:《农业补贴政策对农户耕地保护行为的影响研究》,《农林经济管理学报》2014年第1期,第14~23页。

[7] 陈强:《高级计量经济学及Stata应用》,高等教育出版社,

2010，第 209~211 页。

[8] 陈锡文、韩俊：《经济新常态下破解"三农"难题新思路》，清华大学出版社，2016，第 110~132 页。

[9] 陈振明：《公共政策分析导论》，中国人民大学出版社，2011，第 198~199 页。

[10] 陈志礼、尹承哲、常玉翠、宁正福：《粮食最低收购价政策问题研究》，《数学的实践与认识》2017 年第 47（15）期，第 128~142 页。

[11] 程国强：《我国粮价政策改革的逻辑与思路》，《农业经济问题》2016 年第 2 期，第 4~9 页。

[12] 程国强：《中国农业补贴：制度设计与政策选择》，中国发展出版社，2011，第 146~201 页。

[13] 程国强、朱满德：《中国工业化中期阶段的农业补贴制度与政策选择》，《管理世界》2012 年第 1 期，第 9~20 页。

[14] 程国强、朱满德：《中国粮食宏观调控的现实状态与政策框架》，《改革》2013 年第 1 期，第 18~34 页。

[15] 仇焕广、李登旺、宋洪远：《新形势下我国农业发展战略的转变——重新审视我国传统的"粮食安全观"》，《经济社会体制比较》2015 年第 4 期，第 11~19 页。

[16] 仇童伟、罗必良：《种植结构"趋粮化"的动因何在？——基于农地产权与要素配置的作用机理及实证研究》，《中国农村经济》2018 年第 2 期，第 65~79 页。

[17] 崔奇峰、蒋和平、吴颖宣：《我国粮食"十一连增"背后

的问题及对策建议》,《农村经济》2016年第2期,第3~7页。

[18] 邓宗兵、封永刚、张俊亮等:《中国粮食生产空间布局变迁的特征分析》,《经济地理》2013年第33(5)期,第117~123页。

[19] 丁声俊:《复杂形势下务必坚守粮食战略定力——兼谈正确把握粮食"走出去"和"适度进口"方针》,《价格理论与实践》2015年第11期,第13~16页。

[20] 杜辉、张美文、陈池波:《中国新农业补贴制度的困惑与出路:六年实践的理性反思》,《中国软科学》2010年第7期,第1~7页。

[21] 方松海、王为农:《成本快速上升背景下的农业补贴政策研究》,《管理世界》2009年第9期,第91~108页。

[22] 冯海发:《对建立我国粮食目标价格制度的思考》,《农业经济问题》2014年第8期,第4~6页。

[23] 冯华:《三量齐增,粮食是多还是少(经济观察)》,《人民日报》2015年10月8日。

[24] 高国庆、宋建慧:《入世后我国粮食供求平衡途径初探》,《国际贸易问题》2000年第11期,第1~5页。

[25] 高梦滔、姚洋:《农户收入差距的微观基础:物质资本还是人力资本?》,《经济研究》2007年第5期,第3~12页。

[26] 高名姿、张雷、陈东平:《政策认知、农地特征与土地确权工作农民满意度》,《现代经济探讨》2017年第10期,

第 110~116 页。

[27] 高鸣：《粮食直接补贴政策对小麦生产率的影响——以河南省为例》，中国农业大学博士学位论文，2017。

[28] 高鸣、寇光涛、何在中：《中国稻谷收储制度改革研究：新挑战与新思路》，《南京农业大学学报》（社会科学版）2018 年第 5 期，第 131~159 页。

[29] 耿仲钟：《我国农业支持保护补贴政策效果研究》，中国农业大学博士学位论文，2018。

[30] 国务院发展研究中心课题组：《我国粮食生产能力与供求平衡的整体性战略框架》，《改革》2009 年第 6 期，第 5~35 页。

[31] 韩红梅、王礼力：《农户对粮食补贴政策的满意度及其影响因素分析——基于河南省 447 份实地调查数据》，《求索》2013 年第 4 期，第 9~12 页。

[32] 何蒲明、魏君英、贺亚亚：《粮食安全视阈下地力保护补贴问题研究》，《农村经济》2018 年第 431（9）期，第 55~60 页。

[33] 洪建国、杨钢桥：《生产要素市场发育与农户生产行为决策——基于江汉平原与太湖平原的农户调查》，《华中农业大学学报》（社会科学版）2012 年第 2 期，第 23~28 页。

[34] 侯国庆、于旭红、闫文彬：《居民收入、营养消费对我国粮食需求变化的影响》，《粮食科技与经济》2015 年第 40（5）期，第 10~14 页。

[35] 黄季焜、王晓兵、智华勇等：《粮食直补和农资综合补贴对农业生产的影响》，《农业技术经济》2011年第1期，第4~12页。

[36] 黄季焜、杨军、仇焕广：《新时期国家粮食安全战略和政策的思考》，《农业经济问题》2012年第3期，第4~8页。

[37] 黄建红：《乡村振兴战略下基层政府农业政策执行困境与破解之道——基于史密斯模型的分析视角》，《农村经济》2018年第11期，第9~16页。

[38] 黄玉屏、黄毅：《国际粮食补贴政策与措施比较》，《湖南工程学院学报》（社会科学版）2018年第3期，第1~6页。

[39] 黄宗智：《中国社会经济史研究的范式及其危机》，李怀印节译，《世界经济与政治论坛》1992年第5期，第26~30页。

[40] 纪月清、顾天竹、陈奕山、徐志刚、钟甫宁：《从地块层面看农业规模经营——基于流转租金与地块规模关系的讨论》，《管理世界》2017年第8期，第73页。

[41] 贾娟琪、李先德、孙致陆：《中国主粮价格支持政策促进了农户增收吗？——基于农业农村部全国农村固定观察点调查数据的实证研究》，《华中农业大学学报》（社会科学版）2018年第6期，第39~47页。

[42] 姜长云：《改革开放以来我国历次粮食供求失衡的回顾与启示》，《中国农村观察》2006年第2期，第8~15页。

[43] 姜岩、朱晓莉、周宏等:《气候变化对江苏水稻生产效率变动的影响》,《农业技术经济》2015年第12期,第109~116页。

[44] 蒋和平、王爽:《我国粮食高库存对粮价的影响及制度分析》,《价格理论与实践》2016年第7期,第28~33页。

[45] 柯炳生:《三种农业补贴政策的原理与效果分析》,《农业经济问题》2018年第8期,第4~9页。

[46] 孔祥智、张效榕:《新一轮粮食价格改革:背景与方向》,《价格理论与实践》2017年第1期,第15~19页。

[47] 匡远配:《我国城乡居民收入差距:基于要素收入流的一个解释》,《农业经济问题》2013年第2期,第76~84页。

[48] 匡远配:《中国农户粮食储备补贴:理由和实现机制研究》,《中国粮食经济》2008年第12期,第19~23页。

[49] 邝佛缘、陈美球、鲁燕飞、翁贞林:《生计资本对农户耕地保护意愿的影响分析——以江西省587份问卷为例》,《中国土地科学》2017年第31(02)期,第58~66页。

[50] 李丰、胡舟:《粮食最低收购价政策对农户种植行为的影响分析——以稻谷主生产区为例》,《价格理论与实践》2016年第10期,第94~97页。

[51] 李更生:《农户农地经营决策行为研究——以贵阳市永乐乡水塘村为例》,贵州大学硕士学位论文,2007。

[52] 李国祥:《为什么要继续执行并完善最低收购价政策》,《农村经济》2016年第4期,第3~7页。

[53] 李昊、李世平、南灵等:《农户农药施用行为及其影响因

素——来自鲁、晋、陕、甘四省693份经济作物种植户的经验证据》，《干旱区资源与环境》2018年第32（2）期，第161~168页。

[54] 刘金海：《农民行为研究："关系—行为"范式的探讨及发展》，《中国农村观察》2018年第5期，第126~142页。

[55] 刘克春：《粮食生产补贴政策对农户粮食种植决策行为的影响与作用机理分析——以江西省为例》，《中国农村经济》2010年第2期，第12~21页。

[56] 刘艳秀、牛佳依、梁丹、姜鹏：《我国粮食最低收购价政策实施效果的实证研究》，《江苏农业科学》2017年第45（09）期，第313~316页。

[57] 刘莹、王跃岭：《农户视角下我国家电下乡工程中存在的问题及对策分析——基于山东省五地市的调研分析》，《科技创业月刊》2010年第1期，第72~74页。

[58] 吕新业、胡向东：《农业补贴、非农就业与粮食生产——基于黑龙江、吉林、河南和山东四省的调研数据》，《农业经济问题》2017年第9期，第85~91页。

[59] 栾江、仇焕广、井月等：《我国化肥施用量持续增长的原因分解及趋势预测》，《自然资源学报》2013年第28（11）期，第1869~1878页。

[60] 罗必良：《农业供给侧改革的关键、难点与方向》，《农村经济》2017年第1期，第1~10页。

[61] 马晓河：《新形势下的粮食安全问题》，《世界农业》2016

年第8期,第238~241页。

[62] 蒙秀锋、饶静、叶敬忠:《农户选择农作物新品种的决策因素研究》,《农业技术经济》2005年第1期,第20~26页。

[63] 农业部产业政策与法规司:《农业部产业政策与法规司梳理发布2016年惠农富民政策措施》,《农村工作通讯》2016年第8期,第15~22页。

[64] 农业部农业贸易促进中心课题组:《粮食安全与"非必需进口"控制问题研究》,《农业经济问题》2016年第7期,第53~59页。

[65] 潘烜、何青青、潘俊溯、于洪博:《我国粮食最低收购价政策效果评价与定价合理性研究》,《价格理论与实践》2017年第6期,第71~74页。

[66] 彭莹:《农民分化背景下贫困地区农户生产行为的差异性研究》,云南财经大学硕士学位论文,2015。

[67] 齐皓天:《WTO规则视角下美国农业国内支持的合规性研究》,华中农业大学博士学位论文,2017。

[68] A. 恰亚诺夫:《农民经济组织》,萧正洪译,中央编译出版社,1996,第21~27页。

[69] 钱忠好、冀县卿:《中国农地流转现状及其政策改进——基于江苏、广西、湖北、黑龙江四省(区)调查数据的分析》,《管理世界》2016年第2期,第71~81页。

[70] 乔金杰、穆月英、赵旭强:《基于联立方程的保护性耕作

技术补贴作用效果分析》,《经济问题》2014年第5期,第86~91页。

[71] 舒尔茨:《整合营销传播的八项指导原则》,《当代经理人》2007年第11期,第98~99页。

[72] 宋圭武:《农户行为研究若干问题述评》,《农业技术经济》2002年第4期,第59~64页。

[73] 宋洪远:《经济体制与农户行为——一个理论分析框架及其对中国农户问题的应用研究》,《经济研究》1994年第8期,第22~28页。

[74] 宋洪远:《让农民口袋鼓起来——当前农村经济形势与对策建议》,《中国改革》2000年第6期,第40~41页。

[75] 宋洪远:《实现粮食供求平衡？保障国家粮食安全》,《南京农业大学学报》(社会科学版)2016年第16(4)期,第1~11页。

[76] 孙伟艳、翟印礼:《农户对财政支农政策认知满意度及影响因素研究——基于辽宁省农户调查》,《农业经济》2016年第6期,第81~83页。

[77] 汤敏:《中国农业补贴政策调整优化问题研究》,《农业经济问题》2017年第12期,第17~21页。

[78] 唐华俊:《新形势下中国粮食自给战略》,《农业经济问题》2014年第35(2)期,第4~10页。

[79] 万晓萌、周晓亚:《我国粮食最低收购价政策实施效果评价研究——基于农业供给侧结构性改革背景下的分析》,

《价格理论与实践》2018年第3期,第6~13页。

[80] 汪丁丁、罗俊、叶航等:《走向真实世界的实验经济学——田野实验研究综述》,《经济学》(季刊)2015年第14(3)期,第853~884页。

[81] 王德文、黄季焜:《双轨制度下中国农户粮食供给反应分析》,《经济研究》2001年第12期,第55~65页。

[82] 王可山、苏昕:《我国食品安全政策演进轨迹与特征观察》,《改革》2018年第2期,第31~44页。

[83] 王莉、周密:《农业支持保护补贴政策效应研究——基于农户策略选择的博弈经济分析》,《财经理论与实践》2017年第3期,第55~67页。

[84] 王嫚嫚、刘颖、蒯昊、周晓时:《土地细碎化、耕地地力对粮食生产效率的影响——基于江汉平原354个水稻种植户的研究》,《资源科学》2017年第39(08)期,第1488~1496页。

[85] 王明利:《有效破解粮食安全问题的新思路:着力发展牧草产业》,《中国农村经济》2015年第12期,第63~74页。

[86] 王欧、宋洪远:《建立农业生态补偿机制的探讨》,《农业经济问题》2005年第26(6)期,第22~28页。

[87] 王鹏远:《关于政策执行过程中目标群体政策认知的分析》,广州大学研究生学术论坛公共管理分论坛暨"变革时代的公共治理"学术研讨会,2011。

[88] 王全忠、周宏等：《稻作制度选择、种植业结构调整及农户决策独立性检验》，《农林经济管理学报》2016 年第 15 (2) 期，第 133~143 页。

[89] 王文涛：《确保安全的粮食供求紧平衡研究》，湖南大学博士学位论文，2013。

[90] 王小林：《贫困标准及全球贫困状况》，《经济研究参考》2012 年第 55 期，第 41~50 页。

[91] 王燕青、李隆玲、武拉平：《农民种粮是否有利可图？——基于粮食种植成本收益分析》，《农业经济与管理》2016 年第 1 期，第 69~79 页。

[92] 王玉珏：《粮食直接补贴政策与农户种粮决策行为研究》，南京农业大学硕士学位论文，2013。

[93] 魏茂青、郑传芳：《农户对农资综合补贴政策的认知及其影响因素分析——基于福建南平的调研》，《福建论坛》（人文社会科学版）2013 年第 5 期，第 145~151 页。

[94] 吴比、ZimingLi、杨汝岱等：《农村政策执行协商会影响农民的政策满意度吗？》，《中国农村经济》2016 年第 4 期，第 55~69 页。

[95] 吴海涛、霍增辉、臧凯波：《农业补贴对农户农业生产行为的影响分析——来自湖北农村的实证》，《华中农业大学学报》（社会科学版）2015 年第 5 期，第 25~31 页。

[96] 吴连翠：《基于农户生产行为视角的粮食补贴政策绩效研究——以安徽省为例》，浙江大学博士学位论文，2011。

［97］吴连翠、柳同音：《粮食补贴政策与农户非农就业行为研究》，《中国人口·资源与环境》2012年第22（02）期，第100~106页。

［98］吴群：《我国粮食问题的基本判断》，《农业现代化研究》2004年第25（3）期，第161~164页。

［99］吴银毫、苗长虹：《我国农业支持政策的环境效应研究：理论与实证》，《现代经济探讨》2017年第9期，第107~113页。

［100］武舜臣：《国内粮食价格政策研究现状及展望》，《贵州大学学报》（社会科学版）2017年第35（4）期，第92~97页。

［101］武舜臣、周洲、曹宝明：《生产区位变迁、耕地资源依赖与区域粮食安全——以江苏为例》，《农业现代化研究》2016年第37（6）期，第1061~1067页。

［102］向国成：《小农经济效率改进论纲：超边际经济学之应用研究》，《社会科学战线》2005年第4期，第75~86页。

［103］辛岭、蒋和平：《粮食主产区支持政策的现状与对策》，《宏观经济管理》2014年第1期，第39~41页。

［104］辛翔飞、孙致陆、王济民：《国内外粮价倒挂带来的挑战、机遇及对策建议》，《农业经济问题》2018年第3期，第15~22页。

［105］徐田华：《农产品价格形成机制改革的难点与对策》，《农业经济问题》2018年第7期，第70~77页。

237

[106] 徐志刚、谭鑫、郑旭媛、陆五一：《农地流转市场发育对粮食生产的影响与约束条件》，《中国农村经济》2017 年第 9 期，第 28~45 页。

[107] 徐志刚、赵小松、张宗利：《粮食规模经营支持政策资金的分配机制——基于社会资本与土地产出率的视角》，《西北农林科技大学学报》（社会科学版）2018 年第 18（2）期。

[108] 杨小凯：《经济学：新兴古典与新古典框架》，社会科学文献出版社，2003，第 248~437 页。

[109] 应瑞瑶、何在中、周南：《农地确权、产权状态与农业长期投资——基于新一轮确权改革的再检验》，《中国农村观察》2018 年第 141（03）期，第 112~129 页。

[110] 于晓华、武宗励、周洁红：《欧盟农业改革对中国的启示：国际粮食价格长期波动和国内农业补贴政策的关系》，《中国农村经济》2017 年第 2 期，第 84~96 页。

[111] 余亮亮、蔡银莺：《政策预期对耕地保护经济补偿政策农户满意度影响的实证研究——以成都市耕地保护基金为例》，《中国土地科学》2015 年第 8 期，第 33~40 页。

[112] 余志刚：《我国粮食宏观调控的效率及影响因素》，《南通大学学报》（社会科学版）2016 年第 32（03）期，第 138~143 页。

[113] 余志刚、樊志方：《粮食生产、生态保护与宏观调控政策》，《中国农业资源与区划》2017 年第 38（05）期，第

108~112页。

[114] 袁宁：《农户对粮食直接补贴政策的评价研究——基于豫东平原地区的农户调查资料》，《经济问题》2013年第4期，第75~78页。

[115] 曾福生：《建立农地流转保障粮食安全的激励与约束机制》，《农业经济问题》2015年第1期，第15~23页。

[116] 曾福生、戴鹏：《农户种粮选择行为影响因素分析》，《技术经济》2012年第2期，第80~86页。

[117] 曾福生、周静：《新常态下中国粮食供求平衡新思路》，《农业现代化研究》2017年第4期，第553~560页。

[118] 张冬平、郭震、边英涛：《农户对良种补贴政策满意度影响因素分析——基于河南省439个农户调查》，《农业技术经济》2011年第3期，第104~111页。

[119] 张磊、罗光强：《现实与重构：我国粮食适度规模经营的困境与摆脱——基于川、湘246个稻作大户的调查》，《农村经济》2018年第5期，第34~39页。

[120] 张利国、李礼连、李学荣：《农户道德风险行为发生的影响因素分析——基于结构方程模型的实证研究》，《江西财经大学学报》2017年第6期，第79~88页。

[121] 张林秀：《农户经济学基本理论概述》，《农业技术经济》1996年第3期，第24~30页。

[122] 张爽：《粮食最低收购价政策对主产区农户供给行为影响的实证研究》，《经济评论》2013年第1期，第130~

136页。

[123] 赵丹丹、周宏：《农户分化背景下种植结构变动研究——来自全国31省农村固定观察点的证据》，《资源科学》2018年第40（1）期，第64~73页。

[124] 赵霞、刘云、易山姣：《粮食托市收购政策的增产效应研究》，《粮食科技与经济》2016年第41（6）期，第18~21页。

[125] 赵晓峰、赵祥云：《新型农业经营主体社会化服务能力建设与小农经济的发展前景》，《农业经济问题》2018年第4期。

[126] 赵玉、严武：《市场风险、价格预期与农户种植行为响应——基于粮食主产区的实证》，《农业现代化研究》2016年第37（1）期，第50~56页。

[127] 钟春平、陈三攀、徐长生：《结构变迁、要素相对价格及农户行为——农业补贴的理论模型与微观经验证据》，《金融研究》2013年第5期，第167~180页。

[128] 钟甫宁、顾和军、纪月清：《农民角色分化与农业补贴政策的收入分配效应——江苏省农业税减免、粮食直补收入分配效应的实证研究》，《管理世界》2008年第5期，第65~70页。

[129] 周峰：《基于食品安全的政府规制与农户生产行为研究》，南京农业大学博士学位论文，2008。

[130] 周静、曾福生：《"变或不变"：粮食最低收购价下调对稻

作大户种植结构调整行为研究》,《农业经济问题》2018年第3期,第27~36页。

[131] 周应恒、彭云、周德:《中国农业发展困境与农业支持政策改革转型——基于欧盟共同农业支持政策改革的启示》,《江苏农业科学》2017年第45(11)期,第289~293页。

[132] 周应恒、赵文、张晓敏:《近期中国主要农业国内支持政策评估》,《农业经济问题》2009年第5期,第4~17页。

[133] 朱建房:《美国农业补贴政策对中国的启示》,《南方农业》2017年第11(10)期,第56~58页。

[134] 朱晶:《贫困缺粮地区的粮食消费和食品安全》,《经济学》(季刊)2003年第2(2)期,第701~710页。

[135] 朱晶:《完善农业支持保护政策 推进新时期农业改革发展》,《农业经济与管理》2017年第6期,第5~8页。

[136] 朱晶、徐志远、李天祥:《"一带"背景下中国对中亚五国农产品出口增长的波动分析》,《南京农业大学学报》(社会科学版)2017年第5期,第116~125页。

[137] 朱兰兰、蔡银莺:《农田保护经济补偿政策实施异质效应——基于DID模型的动态估计》,《自然资源学报》2017年第32(5)期,第727~741页。

[138] 朱满德、程国强:《中国农业的黄箱政策支持水平评估:源于WTO规则一致性》,《改革》2015年第5期,第58~66页。

[139] 朱满德、张振、程国强:《建构新型国家粮食安全观:全局观、可持续观与全球视野》,《贵州大学学报》(社会科学版) 2018 年第 36 (06) 期,第 27~33 页。

[140] 朱信凯、夏薇:《论新常态下的粮食安全:中国粮食真的过剩了吗?》,《华中农业大学学报》(社会科学版) 2015 年第 6 期,第 1~10 页。

[141] Adams, Gary, Westhoff, Patrick, Willott, Brian, et al. "Do "Decoupled" Payments Affect U. S. Crop Area? Preliminary Evidence from 1997 - 2000," *American Journal of Agricultural Economics*, 2001, 83 (5): 1190 - 1195.

[142] Alston, Edward R. "On the Genus Dasyprocta: with Description of a New Species," *Proceedings of the Zoological Society of London*, 2010, 44 (1): 347 - 352.

[143] Anderson K., Cockburn J., Martin W. "Agricultural Price Distortions, Inequality, and Poverty," *World Bank Publications*, 2010, 17 (5): 357 - 363.

[144] Anderson K., Ivanic M., Martin W. J. "Food Price Spikes, Price Insulation, and Poverty," *Cepr Discussion Papers*, 2013: 111 - 156.

[145] Anderson, Kym. "The Relative Importance of Global Agricultural Subsidies and Market Access," *Cepr Discussion Papers*, 2006, 5 (3): 357 - 376.

[146] Arora S., Cason T. N., "An Experiment in Voluntary

Environmental Regulation: Participation in EPA's 33/50 Program," *Journal of Environmental Economics & Management*, 2004, 28 (3): 271 - 286.

[147] Ashok Gulati, A. N., Sharma. "Subsidising Agricul - ture: A Cross Country View," *Economic and Political Weekly*, 1992, 27 (39): A106 - A116.

[148] Baldock D., " The Polluter Pays Principle And Its Relevance To Agricultural Policy In European Countries," *Sociologia Ruralis*, 2010, 32 (1): 49 - 65.

[149] Barker R., "Price Support Versus Input Subsidy for Food Self - sufficiency in Developing Countries," *American Journal of Agricultural Economics*, 1976, 58 (4): 617 - 628.

[150] Barnett P. R., Whittingham M. J., Bradbury R. B., et al. "Use of Unimproved and Improved Lowland Grassland by Wintering Birds in the UK." *Agriculture Ecosystems & Environment*, 2004, 102 (1): 49 - 60.

[151] Baylis E. A., "Beyond Rights: Legal Process and Ethnic Conflicts," *Social Science Electronic Publishing*, 2004: 188 - 261.

[152] Baylis K., Peplow S., Rausser G., et al., Agri - environmental policies in the EU and United States: A comparison," *Ecological Economics*, 2008, 65 (4): 753 - 764.

[153] Becker G. S. , Murphy K. M. , Grossman M. , The Market for Illegal Goods: The Case of Drugs," *Journal of Political Economy*, 2006, 114 (1): 38 - 60.

[154] Bertsimas D. , Pachamanova D. , Sim M. , Robust linear optimization under general norms," *Operations Research Letters*, 2004, 32 (6): 510 - 516.

[155] Besnard A. G. , Secondi J. , Hedgerows Diminish the Value of Meadows for Grassland Birds: Potential Conflicts for Agri - environment Schemes," *Agriculture, Ecosystems & Environment*, 2014, 189: 21 - 27.

[156] Bhagwati J. "Anti - globalization: Why?" *Journal of Policy Modeling*, 2004, 26 (4): 439 - 463.

[157] Bureau J. C. , Laborde Debucquet D. , Orden D. , *US and EU Farm Policies: The Subsidy Habit*, Global Food Policy Report, 2015: 245 - 267.

[158] Burfisher, M. E. , & Hopkins, J. , "Decoupled Payments: household income transfers in contemporary U. S. Agriculture," *Agricultural Economics Reports*, 2005, 3 (822): 25 - 35.

[159] Burke S. M. , "Exercising with Others Exacerbates the Negative Effects of Mirrored Environments on Sedentary Women's Feeling States," *Psychology & Health*, 2007, 22 (8): 945 - 962.

[160] Capitanio, Umberto, et al. "Renal Function Impairment

After Nephron Sparing Surgery or Radical Nephrectomy in Patients with Clinical T1a - T1b Renal Mass and Normal Preoperative Glomerular Filtration Rates: Results from a Large Multi - institutional Study," *Journal of Urology*, 2014, 191 (4): 650.

[161] Carpentier A., Letort E., "Multicrop Production Models with Multinomial Logit Acreage Shares," *Environmental & Resource Economics*, 2014, 59 (4): 537 - 559.

[162] Cason T., Gangadharan L., "Transactions Costs in Tradable Permit Markets: An Experimental Study of Pollution Market Designs," *Journal of Regulatory Economics*, 2003, 23 (2): 145 - 165.

[163] Cattaneo A., "The Pursuit of Efficiency and Its Unintended Consequences: Contract Withdrawals in the Environmental Quality Incentives Program," *Review of Agricultural Economics*, 2003, 25 (2): 449 - 469.

[164] Chamberlain D. E., Gough S., Vickery J. A. et al., "Rule - based Predictive Models Are not Cost - Effective Alternatives to Bird Monitoring on Farmland," *Agriculture Ecosystems & Environment*, 2004, 101 (1): 1 - 8.

[165] Chambers R. G., Lee H., "Constrained output maximization and US agriculture," *Applied Economics*, 1986, 18 (4): 347 - 357.

[166] Chang J. H., Lee T. Y., Hsu H. H., et al., Comment on Barckhausen et al. Evolution of the South China Sea: Revised ages for breakup and seafloor spreading," *Marine & Petroleum Geology*, 2015, 59: 676-678.

[167] Claassen R., "The Future of Environmental Compliance Incentives in U. S. Agriculture: The Role of Commodity, Conservation, and Crop Insurance Programs," *Social Science Electronic Publishing*, 2012: 1-12.

[168] Daniel, Defoe, *The Complete English Tradesman*, 2014: 201-397.

[169] Deng H., Gao T., Deng X., Does the Labor Relation Ecosystem not Exist? An Analytical Framework Based on Ecological Metaphors, International Conference on Progress in Informatics & Computing. 2014.

[170] Dias-Da-Silva B. C., Oliveira M. F. D., Moraes H. R. D., Groundwork for the Development of the Brazilian Portuguese Wordnet, International Conference on Advances in Natural Language Processing. 2002.

[171] Ducos G., Dupraz P., Bonnieux F., Agri-environment Contract Adoption Under Fixed and Variable Compliance Costs," *Journal of Environmental Planning & Management*, 2009, 52 (5): 669-687.

[172] Dupraz P., Vanslembrouck I., Bonnieux F. et al., Farmers'

Participation in European Agri-Environmental Policies, International Congress. 2002.

[173] Easter K. W. , Dinar A. , Rosegrant M. W. , *Water Markets: Transaction Costs and Institutional Options*, Water Encyclopedia. 2005: 254 – 385.

[174] Easterlin R. A. , " Life Cycle Welfare: Evidence and Conjecture," *Journal of Socio-Economics*, 2001, 30 (1): 31 – 61.

[175] Ehrhardt J. J. , Saris W. E. , Veenhoven R. , " Stability of Life-satisfaction over Time ," *Journal of Happiness Studies*, 2000, 1 (2): 177 – 205.

[176] Ewald J. A. , Aebischer N. J. , " Trends in Pesticide Use and Efficacy During 26 Years of Changing Agriculture in Southern England," *Environmental Monitoring & Assessment*, 2000, 64 (2): 493 – 529.

[177] Feehan J. , Gillmor D. A. , Culleton N. , " Effects of an Agri-environment Scheme on Farmland Biodiversity in Lreland," *Agriculture Ecosystems & Environment*, 2005, 107 (2): 275 – 286.

[178] Fuentesmontemayor E. , Goulson D. , Park K. J. , " The Effectiveness of Agri-environment Schemes for the Conservation of Farmland Moths: Assessing the Importance of a Landscape-scale Management Approach," *Journal of Applied Ecology*, 2011, 48 (3): 532 – 542.

[179] Glenn V., Dale K., Sligh M., et al., "Examining Adverse Selection in Organic Crop Insurance: Where Do We Go From Here?, Asme Fluids Engineering Division Summer Meeting, 2014.

[180] Goodwin, B. K., Mishra, A., "KArc "couples" Farm Program Really Decoupled? An Empirical Evaluation," *American Journal of Agricultural Economices*, 2006, 88 (1): 73 – 89.

[181] Hennessy D. A., "The Production Effects of Agricultural Income Support Policies Under Uncertainty," *American Journal of Agricultural Economics*, 1998, 80 (1), 46 – 57.

[182] Hepburn C., Koundouri P., Panopoulou E., et al., "Social Discounting Under Uncertainty: A Cross-country Comparison," *Journal of Environmental Economics & Management*, 2009, 57 (2): 140 – 150.

[183] Imhof M., Välikoski T. R., Laukkanen A. M., et al., "Cognition and Interpersonal Communication: The Effect of Voice Quality on Information Processing and Person Perception," *Studies in Communication Sciences*, 2014, 14 (1): 37 – 44.

[184] Jones C., Parker T., Ahearn M., "Taking the Pulse of Rural Health Care.," *J. phys. chem. b*, 2009, 105 (24): 5743 – 5750.

[185] Kleijn D., Berendse F., Smit R., et al., *The Ecological Effectiveness of Agri-environment Schemes in Different Agricultural Landscapes in The Netherlands*, Conservation Biology. 2004: 162-174.

[186] Kleijn D., Lammertsma D., " Journal of Applied Ecology," *Journal of Applied Ecology*, 2003, 51 (2): 289-298.

[187] Kleijn D., Sutherland W. J., " How Effective Are European Agri-Environment Schemes in Conserving and Promoting Biodiversity?," *Journal of Applied Ecology*, 2003, 40 (6): 947-969.

[188] Knop E., Kleijn D., Herzog F., et al., " Effectiveness of the Swiss Agri-environment Scheme in Promoting Biodiversity," *Journal of Applied Ecology*, 2006, 43 (1): 120-127.

[189] Koenker R., Bassett G., " Regression Quantiles," *Econometrica*, 1978, 46 (1): 33-50.

[190] Kohler F., Verhulst J., Knop E., et al., " Indirect Effects of Grassland Extensification Schemes on Pollinators in Two Contrasting European Countries," *Biological Conservation*, 2007, 135 (2): 302-307.

[191] Koundouri P., Laukkanen M., Myyr S., et al., " The Effects of EU Agricultural Policy Changes on Farmers' Risk Attitudes," *Social Science Electronic Publishing*, 2009, 36 (1): 53-77.

[192] Lutz B. E., " Price Distortions in Agriculture and Their Effects: An International Comparison," *American Journal of Agricultural Economics*, 1981, 63 (1): 8 – 22.

[193] Macdonald G. K., Bennett E. M., Taranu Z. E., " The Influence of Time, Soil Characteristics, and Land-use History on Soil Phosphorus Legacies: a Global Meta-analysis," *Global Change Biology*, 2012, 18 (6): 1904 – 1917.

[194] Mccormack M. L., Adams T. S., Smithwick E. A. H., et al., " Variability in Root Production, Phenology, and Turnover Rate Among 12 Temperate Tree Species," *Ecology*, 2016, 95 (8): 2224 – 2235.

[195] Mcdonald B., " 'Once You Know Something, You Can't Not Know It' An Empirical Look at Becoming Vegan," *Society & Animals*, 2000, 8 (1): 1 – 23.

[196] Mcguire K. J., Bernstein J., Polsky D., et al., " The 2004 Marshall Urist award: Delays Until Surgery After Hip Fracture Increases Mortality," *Clinical Orthopaedics & Related Research*, 2004, 428: 294 – 301.

[197] Mcintosh C. R., Stephens W. D., Taylor C. O., "Changes in the Stereospecificity of a Ziegler Catalyst Used in the Polymerization of Butadiene," *Journal of Polymer Science Part A Polymer Chemistry*, 2010, 1 (6): 98 – 132.

[198] Mehta A., Jha S., " Subsidized Food Distribution with

Endogenous Quality: A Case Study from the Philippines," *Orfalea Center for Global & International Studies*, 2010: 11 – 34.

[199] Michalek J., Ciaian P., Kancs D., "Capitalization of the Single Payment Scheme into Land Value: Generalized Propensity Score Evidence from the European Union," *Land Economics*, 2014, 90 (2): 260 – 289.

[200] New meyer C. E., Venkatesh R., Chatterjee R., "Cobranding Arrangements and Partner Selection: a Conceptual Framework and Managerial Guidelines," *Journal of the Academy of Marketing Science*, 2014, 42 (2): 103 – 118.

[201] Norer R., "Transparency about EU Agricultural Subsidy Recipients-legislation Between Transparency and Data Protection," *Agrar-und Umweltrecht*, 2009: 1 – 49.

[202] North C. P., Hole M. J., Jones D. G., "Geochemical Correlation in Deltaic Successions: A Reality Check," *Geological Society of America Bulletin*, 2005, 117 (5): 620 – 632.

[203] Nutzinger H. G., *Economic Instruments for Environmental Protection in Agriculture: Some Basic Problems of Implementation*, Economic Incentives and Environmental Policies. 1994: 58 – 323.

[204] Obeng F. K., Vig V. K., Singh P., et al., "Posterior Chamber Scleral Fixation of Intraocular Lenses in Post-Vitrectomised Aphakic Eyes," *Journal of Clinical & Diagnostic*

Research Jcdr, 2017, 11 (3): 9 – 13.

[205] OECD. "Society at a Glance OECD Social Indicators 2005 Edition: Health Indicators," *Oecd Social Indicators Oecd*, 2005 (3): 71 – 81.

[206] O'Toole C., Hennessy T., " Do Decoupled Payments Affect Investment Financing Constraints? Evidence from Irish Agriculture," *Trinity Economics Papers*, 2013, 56: 67 – 75.

[207] Peach W. J., Lovett L. J., Wotton S. R. et al., " Countryside Stewardship Delivers Cirl Buntings (Emberiza cirlus) in Devon, UK," *Biological Conservation*, 2001, 101 (3): 0 – 373.

[208] Ravinder Rena., " Challenges for Food Security in Eritrea: A Descriptive and Qualitative Analysis," *African Development Review*, 2005, 17 (2): 79 – 111.

[209] Reimer A. P., Madigan E., " Developing a Fully Integrated Medical Transport Record to Support Comparative Effectiveness Research for Patients Undergoing Medical Transport," 2013: 198 – 222.

[210] Robinson H. L., " New hope for an AIDS vaccine," *Nature Reviews Immunology*, 2002, 2 (4): 239 – 50.

[211] Roche M. J., Mcquinn K., " Riskier Product Portfolio Under Decoupled Payments," *European Review of Agricultural Economics*, 2004, 31 (2): 111 – 123.

[212] Rodgers C., " Property Rights, Land Use and the Rural

Environment: A Case for Reform," *Land Use Policy*, 2009, 26 (12): S134 - S141.

[213] Roosen J., Fox J. A., Hennessy D. A. et al., " Consumers' Valuation of Insecticide Use Restrictions: An Application to Apples," *Journal of Agricultural & Resource Economics*, 1998, 23 (2): 367 -384.

[214] Roschewitz I., Hucker M., Tscharntke T., et al., " The Influence of Landscape Context and Farming Practices on Parasitism of Cereal Aphids," *Agriculture Ecosystems & Environment*, 2005, 108 (3): 218 -227.

[215] Schmitz, G. J., Reddy, et al., "BaCuO Melt Processing: From Bulks Towards Thick Films," *Physica C - superconductivity & Its Applications*, 2002, 378 (15): 607 - 616.

[216] Serra,T., Zilberman, D., Goodwin, B. K., et al., "Effects of Decoupling on the Mean and Variability of Output," *European Review of Agricultral Econmics*, 2006, 33 (3): 269 -288.

[217] Shearing S. P., " The 1986 Innovator's Lecture. Resurrection of Posterior Chamber Lenses or Why Innovation Occurs When it Does," *J Cataract Refract Surg*, 1986, 12 (6): 665 -669.

[218] Siebert C., " Functional Assessment: Process and Product," *Home Health Care Management & Practice*, 2006, 19 (1): 51 -57.

[219] Sinopoli F. D., Iannantuoni G., " Extreme Voting Under Proportional Representation: the Multidimensional Case," *Social Choice & Welfare*, 2008, 30 (3): 401 – 417.

[220] Smith A. Jeffrey D., Brison. Rockefeller, Carnegie, and Canada: American Philanthropy and the Arts and Letters in Canada, 2009: 54 – 114.

[221] Stubbs M., Conservation Provisions in the 2014 Farm Bill, Congressional Research Service Reports. 2014.

[222] Stubbs M., Conservation Reserve Program (CRP): Status and Issues, Congressional Research Service Reports. 2014.

[223] Sulewski P., Kłoczkogajewska A., " Farmers' Risk Perception, Risk Aversion and Strategies to Cope with Production Risk: an Empirical Study from Poland," *Studies in Agricultural Economics*, 2015, 116 (3): 140 – 147.

[224] Sumner M. R., " Ethics Online," Educom Review, 1996, 31: 32 – 35.

[225] Talor, Nurit, Philosoph, et al., " Impressions formed in Response to Public Self-evaluation Maintenance Strategies," *Journal of Experimental Social Psychology*, 2005, 41 (4): 388 – 395.

[226] Tilg B., Wach P., Rucker W. et al., " Biomagnetic Functional Localisation: Iterative Approach to Estimation of Electrical Sources Within the Human Heart From the

Magnetocardiogram," *Medical & Biological Engineering & Computing*, 1995, 33 (2): 238.

[227] Uthes, Sandra, Matzdorf, et al., "Studies on Agri-environmental Measures: A Survey of the Literature," *Environmental Management*, 2013, 51 (1): 251 – 266.

[228] Vercammen, J. A., Stochastic Dynamic Programming Model of Direct Subsidy Payments and Agricultural Investment," *Canadian Agricultural Economics Society*, 2003: 27 – 30.

[229] Weber J. G., Key N., "How much Do Decoupled Payments Affect Production? An Instrumental Variable Approach with Panel Data," *American Journal of Agricultural Economics*, 2012, 94 (4): 52 – 66.

[230] Wortley, David, "The Role of Glutathione Transferases in Multiple Herbicide Resistance in Grass Weeds," *University of York*, 2013: 77 – 91.

[231] Wynn G., Crabtree B., Potts J., "Modelling Farmer Entry into the Environmentally Sensitive Area Schemes in Scotland," *Journal of Agricultural Economics*, 2001, 52 (1): 65 – 82.

[232] Wüthrich, Serra. Der Rote Urin – Wie Weiter?," *Therapeutische Umschau*, 2006, 39 (09): 595 – 600.

[232] Yi F., Sun D., Zhou Y., "Grain Subsidy, Liquidity Constraints and Food Security-Impact of the Grain Subsidy

Program on the Grain-sown Areas in China," *Food Policy*, 2015, 50 (50): 114 - 124.

[233] Young, E., M. Burfisher, F. Nelson, L., Mitchel. Domestic Support and the WTO: Comparison of Support AmongOECD Countries, United States Department of Agriculture, Economic Research Service, 2002: 1 - 13.

[234] Zhang C., Chen X., "OCRS: an Interactive Object-based Image Clustering and Retrieval System," *Multimedia Tools & Applications*, 2007, 35 (1): 71 - 89.

[235] Zhou B., Rybski D., Kropp J. P., " On the Statistics of Urban Heat Island Intensity," *Geophysical Research Letters*, 2013, 40 (20): 5486 - 5491.

后　记

本书是作者博士四年的科研成果，也是自 2016 年以来持续研究农业补贴与稻农生产行为的阶段性总结，在博士求学期间，从起初迷茫地寻找问题到笨拙地开展研究，感谢导师、家人、挚友的支持和鼓励，让我遇见了更好的自己。

六年前，从产业经济学跨越到农业经济学，说"五谷不分"有些夸张，但对农业农村的很多问题确实不太了解。当时大部分学者都关注农村土地流转，而我在调研过程中发现，伴随着土地流转，出现了越来越多的稻作大户，农户分化已然成为现实。2016 年农业补贴改革以后，稻作大户终于迎来了属于自己的适度规模经营补贴，此时出现了两种不同的观点，有人说补贴资金这么少，农民也就是拿这个钱当生活补贴了，不能对其行为产生影响；又有人说大户就是为了套取国家补贴的。从农户分化的角度看，目前种粮的主体是自给自足的生存型小农和适度规模经营的稻作大户，如何支持和保护他们的种粮积极性，对于保障国家粮食安全有着重要意义。通过两年连续不断与稻作大户的交流，我看到的稻作大户多半是黝黑的皮肤、开裂的双手，将种好田当成自己的事业，甚至认为自己除了种田没有其他技能，无论粮食最低收购价如何变化，他们始终认为种粮是一件靠谱的事情，这一份淳朴的坚守深深打动了我，让我更加想了解这一可爱的群体。于是稻作大户便成为我的研究对象，希望通过自己的调查研究为他们发声，为更好地支持和保护稻作大户的种植积极性做出努力。

明确研究对象以后，通过查阅文献，我设计好访谈问卷，向导师申请入户调查，在得到老师的支持后，按照样本的全面性原则选择了平原、山区和丘陵地区的稻作大户进行预调研，但是在这期间遇到了很多麻烦。第一站去拜访的是位于长沙市望城区的稻作大户，该地属于平原地区，属于城市近郊，经济发达，农户通常种植双季稻，该稻作大户承包了整村的耕地，采取古法种植，亩均产量只有500斤左右，大米的价格也从2元到20元不等。该大户成立了合作社和家庭农庄，但是受休耕政策的影响，该区域大部分耕地正在休耕，并未进行粮食生产，因此问卷不具有代表性，通过这次预调研要排除正在休耕的区域；第二站拜访的是湘潭市韶山县的稻作大户，该地属于丘陵地带，水稻种植两季，该农户流转了1200亩土地，占村内耕地面积的70%，同时成立了粮食生产合作社和农机租赁合作社，通过深度访谈后修正了稻作大户成本收益的测算方法；第三站拜访了永州市江永县的稻作大户，该地是典型的山区，地块分散，整村只有一个大户，受地形的影响，灌溉条件较差，通常稻农只能种一季，另外增加一个经济作物的套种,通过深度访谈后,发现山区的样本不具有典型性。因此,回学校后一边修改调研问卷,一边思考如何选择样本才具有代表性。正在此时,受经济学院院长匡远配教授的邀请,参与了中国农业科学院的暑期调研项目,这让我深受启发。我首先获取了湖南省稻作大户的空间分布,发现稻作大户大多分布在粮食产量较高的产粮大县,于是最终确定按照全省粮食产量排名来选择调研地点。根据当年粮食产量排名,受经费和时间限制,只选择粮食产量排名前六的宁乡县、湘潭县、衡阳县、桃源县、鼎城区、汉寿县,由于稻作大户的分布十分宽泛,小的村可能就只有一户稻作大户,大一点的村也不会超过10户,在耗时6个月的调研后,共收回450份问卷,在此基础上完成了10余万字的博士学位论文,并获得2019年校优秀博士学位论文,同时被学校推荐申请湖南省优秀博士学位论文,在新书即将付梓之际,得知已获得此殊荣。受本人研究基础的薄弱以及时间经费的限制,博士期间仅进行了稻作大户对补贴的认知和满意度评价、补贴激励与稻作大户种植结构调整行为和补贴激励与稻作大户生产投入行为的研究,至于绿色生产行为、农户时间配置行为等则未能展开研究。

2019年博士毕业进入湖南省社会科学院区域经济与绿色发展研究所工作后,在拓宽新研究主题的同时,我没有忘记对稻作大户的承诺,在博士论文的基础上,继续往前开展研究,以提高补贴精准性为研究内容申请了湖南省社科成果评审项目,获得了立项支持,同年在《经济地理》和《西北农林科技大学学报》

发表了两篇文章，结项为优秀。2020年，以稻作大户绿色技术采纳行为为主要研究内容申请了湖南省社科基金，也获得了立项支持，这一经历大大地鼓舞了作为科研小白的我。

回顾过去的六年，我想感谢的人太多了，感谢我的导师曾福生教授，他深厚的学术功底、极高的人文素养，让我懂得什么是"言传身教"，也让我相信，规范的学术研究对人是一种积极改造；感谢湖南农业大学经济学院李明贤教授和中国社会科学院农村发展研究所苑鹏研究员给予我联合社小论文的悉心指导，准确意义上说这是我在"三农"领域写的第一篇小论文，看着细细密密的手写稿，每一笔都功底深厚；感谢湖南农业大学经济学院匡远配教授暑期亲自带队下乡调研，与农户促膝长谈，每一举动都平易近人；感谢湖南农业大学经济学院罗光强教授，不仅授课风趣幽默，更擅长引导学生思考现实的问题，毕业后，罗老师在我申报国家课题上也给予很多宝贵的意见和鼓励。特别感谢宁乡县、湘潭县、衡阳县、桃源县、鼎城区、汉寿县农业局相关领导，以及给予我很大帮助的450位访谈调研农户，每一份反馈的问卷，我将终身保存，距离博士毕业刚好两年，当我再次拿出问卷时，有些字迹已经变淡了，但我仍然能清晰地回忆起当初的场景。

感谢社会科学文献出版社皮书出版分社邓泳红社长和宋静老师，从选题申报到正式提交书稿已是一年多，你们认真细致的编辑工作，以及给予充分的修改时间，很大程度上保障了书稿的质量。

感谢湖南省社会科学院科研处的大力支持,感谢湖南省社会科学院区域经济研究所谢瑾岚所长以及同事们的热心帮助,在单位的悉心关怀下,我才有机会持续深入地研究稻作大户生产行为的相关问题。最后,由于我研究时间不长,水平有限,欢迎读者予以批评指正。

周　静
2021 年 10 月 26 日于跃进湖

图书在版编目(CIP)数据

农业补贴对稻作大户生产行为的影响/周静著.--北京:社会科学文献出版社,2021.10
 ISBN 978-7-5201-9157-9

Ⅰ.①农… Ⅱ.①周… Ⅲ.①农业-政府补贴-财政政策-影响-农户-水稻栽培-农业生产-研究-中国 Ⅳ.①F812.0②F326.11

中国版本图书馆 CIP 数据核字(2021)第 198057 号

农业补贴对稻作大户生产行为的影响

著　　者 / 周　静

出 版 人 / 王利民
组稿编辑 / 邓泳红
责任编辑 / 宋　静
责任印制 / 王京美

出　　版 / 社会科学文献出版社·皮书出版分社 (010) 59367127
　　　　　 地址:北京市北三环中路甲 29 号院华龙大厦　邮编:100029
　　　　　 网址:www.ssap.com.cn

发　　行 / 市场营销中心 (010) 59367081　59367083
印　　装 / 三河市龙林印务有限公司

规　　格 / 开本:787mm×1092mm　1/16
　　　　　 印张:17　字数:180 千字

版　　次 / 2021 年 10 月第 1 版　2021 年 10 月第 1 次印刷

书　　号 / ISBN 978-7-5201-9157-9
定　　价 / 128.00 元

本书如有印装质量问题,请与读者服务中心 (010-59367028) 联系

△ 版权所有 翻印必究